# 深度紓壓

## 每天 15 分鐘，7 天降低壓力指數，
## 破除慢性壓力循環，放掉煩惱，活得更快樂

The Stress Prescription:
Seven Days to More Joy and Ease

伊麗莎・艾波（Elissa Epel, PhD）◎著
何佳芬 ◎譯

高寶書版集團

# 各方讚譽

「《深度紓壓》提供簡單卻有效的建議，是一本極具智慧的指南。即使只是採納這些日常練習的其中一項，就能幫助你減輕壓力，並促進情緒上的穩定與身體健康。」——雅莉安娜·哈芬登（Arianna Huffington），Thrive Global 創辦人

「此時此刻的雋永完美解方。」——喬·卡巴金（Jon Kabat-Zinn），「正念減壓」創辦人暨《正念療癒力》作者（暫譯，*The Healing Power of Mindfulness and Mindfulness for All*）

「指引我們如何處理日常煩擾的頂尖專家。這不僅是一本壓力管理指南，更是預防壓力的工具包。」——亞當·格蘭特（Adam Grant），《紐約時報》暢銷書《逆思維》作者

「伊麗莎．艾波公開了大家引以為喜的事實：掌控壓力的祕訣不是避免，而是克服。艾波以簡單的方式與智慧，教讀者們如何以熱情、活力和喜悅的心情來應對壓力。」——埃絲特．沛瑞爾（Esther Perel），心理治療師、作家暨「Where Should We Being」節目主持人

「伊麗莎．艾波是壓力以及如何將之轉換成正能量的權威。她是一位身心機制方面的傑出老師與演繹者，將一切變得易於理解和有效。」——丹尼爾．席格（Daniel J. Siegel），醫學博士暨《紐約時報》暢銷書《第七感》、《*IntraConnected*》作者

「伊麗莎．艾波是壓力研究當中的佼佼者，她針對日常生活中的現代流行病——壓力，提出經過充分研究、容易理解並實用的計畫，用以減輕和防止壓力帶來的有害影響。在現今高壓與疏離的社會，這本書無疑是一帖滋養身心的良藥。」——嘉柏．麥特（Gabor Maté），醫學博士暨《正常的迷思》（暫譯，*The Myth of Normal*）作者

「大多數人都意識到過多的壓力對大腦和人體有害，問題是我們該如何應對？《深度紓壓》提供了答案。伊麗莎・艾波博士不僅是一位聰穎過人的研究者，也是一位善於互動溝通的闡釋者，她將最新的科學發現梳理成我們能夠作為指標的步驟。你一定要讀這本書！」——娜汀・哈里斯（Nadine Burke Harris），醫學博士、前加州衛生局局長暨《深井效應》作者

「本書無疑是一劑良藥！既實用又蘊含智慧，直接明白，對想要減輕壓力和想讓生活更輕鬆的人來說，的確有所助益。《深度紓壓》讓我們知道如何在壓力之中，依然茁壯、成長。」——傑克・康菲爾德博士（Jack Kornfeld），《踏上心靈幽徑》作者

「伊麗莎・艾波博士的《深度紓壓》是一本適合所有人的書。它啟動了一種力量，讓你在下一刻從焦慮轉為驚嘆，從恐懼變得無懼。在你最需要的時候，無論何時何地，它都能為你帶來實際的可能性與真正的潛力。請遵循好醫師的指示：這些經研究證明，簡單但影響深遠的實踐，很有可能大幅改善你的生活。」——朗達・

馬季（Rhonda V. Magee），舊金山大學法律系教授、《種族正義的心路歷程》（暫譯，*The Inner Work of Racial Justice*）作者與教師

「艾波以易於理解、實用且有效的方式提供了這些珍貴的資料，對所有人來說都是一份禮物。她在《深度紓壓》中，揭露了影響我們所有人的無形力量，並引導大家邁向更健康、更快樂也更長壽的人生。這是一本因應新世代挑戰的必讀之作。」——理查・卡莫納（Richard Carmona），醫學博士暨公共衛生碩士、美國第十七屆衛生局局長

「《深度紓壓》是寫給每個人的書！生活充滿了挑戰，這本書以非常實用的方式闡述如何在逆境中航行，並在各個領域中出類拔萃。伊麗莎・艾波將個人經歷、最新的科學發現以及冥想的傳統古老智慧巧妙地融合在一起，完成了一本在現代世界可讀性極高的成長指南。」——理查・戴維森（Richard J. Davidson），《紐約時報》暢銷書《情緒大腦的祕密檔案》作者

「本書以充滿同情心與洞察力的書寫方式，結合易於理解並高度實用的引導，使其成為非常有價值的資源。在這個不確定的時代中，將會受到許多人的欣賞與運用。」——伊莉莎白・布雷克本（Elizabeth Blackburn），諾貝爾獎得主、《紐約時報》暢銷書《端粒效應》共同作者

「這本書為擺脫壓力和負荷開創了一條有效的路徑。本書由富含同理心的知名科學家撰寫，為讀者在面對無常與日益脆弱的世界時，提供化解壓力的科學見解與方法。」——蘿胥・瓊恩・荷里法斯（Roshi Joan Halifax），全球人道主義者、尤帕亞學院與禪修訓練中心（Upaya Institute and Zen Center）創辦人、《站在邊緣之境》作者

「伊麗莎・艾波是最知名的壓力科學家之一，在國際間享譽盛名。她將研究結果實際落實於人們日常生活最重要的問題上。她在《深度紓壓》一書中，提供了實用、睿智與創新的建議。大眾急需這樣一本書，而伊麗莎是唯一能寫這本書的人。」——羅伯・魯斯提（Robert H. Lustig），醫學博士暨醫藥學術專員、《紐約

時報》暢銷書《美國思想的駭客攻擊》（暫譯，*The Hacking of the American Mind*）作者

「無論是個人危機、氣候變遷、生物多樣性的消失或因不平等所帶來的苦難，似乎都讓我們越來越扛不起肩上的重擔。艾波讓我們知道，往前進的唯一方法就是發現並運用壓在我們肩膀上的力量，將難以承受的壓力轉換成動力，用以打造最美好的人生。」——克莉絲緹亞娜・菲格雷斯（Christiana Figueres），《我們可以選擇的未來》作者、《聯合國氣候變遷綱要公約》前任執行祕書、《巴黎協定》推動者

「壓力來襲時，需要減壓來解決。身為壓力生理與心理學科學專家之一的伊麗莎・艾波博士，在《深度紓壓》一書中提供減輕壓力的實用指南。她的處方中建議建立連結，也提醒了我們，每個人其實都握有通往減壓世界的鑰匙。」——湯瑪斯・英賽爾（Thomas Insel），醫學博士、美國國家心理健康研究所前董事、《療癒》（暫譯，*Healing*）作者

「這本書看似簡單，實際上蘊含著建立抗壓力的關鍵與新觀念，而作者則將其轉化成讀者可以立刻採用的概念與工具。為你自己、你的員工、你的患者和你的孩子買這本書吧！它將大幅改變壓力對你生活的影響。」——卡珊卓・維田（Cassandra Vieten）博士，約翰・W・布里克（John W. Brick）心理健康基金會執行董事、加州大學聖地牙哥分校研究員

「總歸一句話——現代人充滿了壓力。雖然我們無法逃避現實，但可以透過這本書的智慧，找到實用的建議與安慰。身為科學家、教師和旅行者，伊麗莎・艾波深切關心著人類和地球，她是位值得信賴的帶領者，引領我們發現在短短一個星期內能為人生帶來的改變。」——蘇珊・包爾－吳（Susan Bauer-Wu）博士，心靈與生命研究協會理事長、《葉，輕輕飄落》（暫譯，*Leaves Falling Gently*）作者

「面對今日的逆境和創傷，需要精深的內在智慧。伊麗莎・艾波在《深度紓壓》裡掌握了這個智慧的核心要素，帶領我們瞭解聆聽身體需求的許多方法，從情緒中學習和成長，並與我們每個人都需要的內在平靜和惻隱之心產生連結。這本書會對

我們有很大的幫助！」——措尼仁波切（Tsoknyi Rinpoche），著名尼泊爾藏傳佛教導師、《敞開心扉》（暫譯，*Open Heart, Open Mind*）作者

「《深度紓壓》完美結合了科學的嚴謹與反思的智慧，為如何過更幸福、健康的人生，提出更強而有力並具突破性的見解與方向。這本具啟發性的著作中所呈現的豐富想法和實踐，能夠改變我們個人和集體的生活。」——蕭娜．夏比洛（Shauna Shapiro）博士，《訓練大腦，讓自己更強大》、《早安，我愛你》（暫譯，*Good Morning, I Love You*）作者

「簡潔、精彩、有效，世界級科學家伊麗莎．艾波再次做到了！幫助我們感覺更好、活得更長久，並享受擁有挫折耐受力的幸福。透過個人故事、有趣的研究和許多實用的建議，可以感受到她友善的支持，鼓舞你邁向更輕鬆自在的幸福人生。這本全面又難能可貴的指南，不但引人入勝也易於理解，同時也是一本深刻且影響深遠的書。作者淵博的知識加上深入的個人實踐，以及致力於提升大眾的福祉，讓此書更臻扎實與完善。我的書單很簡短，而這本書是其中一本。倘若有人餘

生都將被困在孤島上，那麼一定要擁有這本書！真的是珍寶啊！」——瑞克・韓森（Rick Hanson），《紐約時報》暢銷書《力挺自己的十二個練習》作者

僅將此書獻給我們的先人，感謝他們在艱困時刻展現出力量與韌性，用愛與人類的精神度過難關，讓我們現在能夠在這裡。也要感謝你——讀者們，在這些不確定的動盪時刻裡，經常為生活和愛所付出的英勇努力。

# 目　錄
Contents

# 前言／凡事總有意外

**你想生活在一個輕鬆自在的世界嗎？**

在這個世界裡，你不必擔心、不必憂慮，也沒有壓力。

聽起來不錯吧？

或許你偶爾會如此希望。但是「**壓力**」在本質上與生活已然密不可分，想要讓生活中毫無壓力，是一件不可能的事。雖然壓力有時候令人難以招架，但如果少了壓力，情況可能反而更糟。人類對壓力的反應其來有自：它能讓我們的思緒和身體對當下或未來需要進行的事情做好準備。從進化的角度來看，身體對壓力的自然反應不只一次拯救了人類史前老祖宗的生命，也是我們如今能存活在這個世界上的關鍵，它仍然扮演著激勵的角色，為我們帶來能量和清楚的思路。為了提供面對挑戰時所需的體能和精神，健康的「巔峰和恢復」反應（peak-and-recovery，經歷一陣壓力之後，很快地恢復）對身體其實是有好處的。人類生來就善於與壓力共處，事實上，我們「需要」壓力。適量、適時的壓力有助於細胞的活化，並延緩細胞老化。

不過，現代人大多有壓力方面的問題。

我們時時刻刻都「感受」到壓力。壓力就像海洋，我們泅泳其中，從早上一睜開眼睛到晚上閉眼前，我們都不斷地被猶如浪潮般襲來的壓力吞沒推擠。生活中有太多大大小小的事情可以引發身體的壓力反應——各種需求、期限、計畫、待辦事項、意料之外的危機（無論大或小），還有那些令人不快的對話，這些都會激發體內的壓力賀爾蒙，並隨著血液流動影響全身的狀況，像是心跳加速、食物消化、脂肪的儲存，甚至是思考，就連我們的想法都會成為身體反應的壓力來源。事實上，我們的想法正是最常見的壓力源。

那該如何是好呢？

我們的壓力無法被一舉排除，它永遠都會是生活的一部分——任何值得去做的事情都會伴隨各種樣貌的壓力，像是質疑、不安和風險。這些都無法避免，但可以改變的，是自己面對壓力時的反應。在這個快速變動又無法預知的世界中，我們可以透過一個相對簡單的核心想法來應對，那就是學著預期意外的發生。

## 當意料之外的事情發生

布萊恩．寇夫曼（Bryan Koffman）和妻子雅娜（Yana）是我的鄰居，我們住在舊金山一條安靜又充滿綠意的街道上。五十多歲的他在一家長期照護的安養機構上班，布萊恩對自己的工作、居住的城市和婚姻都十分滿意。如果你問起，他會說：「人生真是美好。」然而他的人生並不總是如此穩定和安逸。

布萊恩從小在俄羅斯長大，年紀輕輕就結婚。他在二十歲剛成家時想成為一位護理師，但是事業才正要起步，就被徵召加入蘇聯軍隊，還被派往北極的軍事基地。

布萊恩無比沮喪，他必須離開學校、放棄事業、拋下家庭，前往氣溫零下五十度的疆土進行為期兩年的訓練；如果不小心弄壞了防護裝備，很有可能連小命都不保。他失去了一切重要的事物，說不定連命都可能丟了。因為不是每一個人都能在訓練中存活，而且即使受訓完成，接下來還有可能被派駐到阿富汗打仗。

無論如何，布萊恩都必須付出極大的代價。感覺上他好像沒能從中得到一丁點利益，卻賭上了一切。他說自己當時的焦慮狀況簡直就要破表，完全不知道接下來會發生什麼事，覺得自己只能任憑命運的安排，時時刻刻都精神緊繃。

# 慢性壓力是身體的毒害

即使不曾被派駐到北極苔原，我猜大家對布萊恩的壓力感並不陌生。壓力本身不見得是一件壞事，不過慢性壓力可就茲事體大了。我專注於研究壓力及其對健康和老化的影響，並從顯微鏡中檢視壓力如何改變我們的細胞結構，尤其是健康和衰老的重要生物指標——端粒（telomere），即染色體末端狀似「帽子」的特殊結構，它就像隱藏在每個細胞內的微型「生命時鐘」。根據我的研究顯示，慢性壓力這種年復一年的壓力會對身體產生毒害，並造成細胞提前消耗殆盡。

許多關於如何應對生活壓力的建議都很不錯，可惜並不完整。這些建議告訴大眾必須消除壓力來源，學習放鬆。對於這個說法，我絕對贊同，這是非常好的第一步驟，我在這本書裡也提供一些減少壓力狀況和做到真正放鬆的有效方法，只不過這中間仍然有一個很大的盲點。首先，我們無法消除所有的壓力來源，這是不可能的事。即使是生活中最快樂、最充實的部分，也會有壓力摻雜其中，像是養育子女、開展職涯、實現人生的偉大夢想等等。這些事情之所以會帶來壓力，是因為我們非常在意，其實也沒辦法不在意，因為這些事何等重要。其次，許多教人放鬆的方法最後都只是暫時性的，長期來看根本發揮不了真正的效果。等到下一次壓力又來時，很可能比之前更難以平復。

但我必須說，壓力也可以是一件好事。不過「慢性」壓力對我們沒有任何好處，只會造成傷害。慢性壓力會帶來一系列有害健康的影響，例如：肥胖、心臟疾病、糖尿病、憂鬱和失智症，但最嚴重的是，它會深入你的細胞，造成三個重要壓力指標上升，分別是皮質醇、氧化壓力（oxidative stress，又稱氧化應激）和發炎指數。當這些細胞的問題產生後，你的端粒（位於細胞染色體末端的保護結構）會被磨損，變短的速度也越來越快。為什麼這件事很重要？因為端粒過短會損害我們的粒線體，而粒線體是細胞裡的電池，提供人體的能量並維持細胞健康。更糟的是，當一個耗損的細胞變得不健康時，就會進入一種有害且不可逆轉的老化狀態（稱為「複製性細胞衰老」，replicative senescence）[1]，幸好我們能在這個狀況發生之前扭轉局面。

我們體內的許多組織必須透過再生來維持健康，也就是說我們必須不斷製造新細胞，這些新細胞也必須在身體的關鍵區域生成，像是免疫細胞、心血管內層細胞和海馬體（大腦中掌控記憶和情緒的重要部位）。科學研究證實，端粒的長度是決定細胞是否能持續分裂的終極關鍵，端粒越長，細胞分裂、複製和新生的次數就越多。如果端粒太短，就不能再製造新的細胞，而細胞一旦開始老化，最後就會衰亡或引起發炎。

透過觀察血球中的細胞端粒長短，可以及早預測疾病的徵兆和死亡，所以我們非常重視這項研究。人們經常問我端粒的長度是否就是衰老的指標（反映年齡的細胞「紀錄」），或只是一種老化的機制（老化的必然過程），答案是兩者皆有。假使你有長端粒的遺傳傾向，我們可以直接預測你在心臟病等老年慢性疾病上的罹患率相對比較低，由此可見端粒的重要性。慢性壓力會從許多方面導致早衰，端粒就是其中之一。當慢性壓力導致端粒的磨損和發炎時，就會引發我所描述的細胞衰老和功能喪失，從而造成早衰的現象。

這對身為壓力研究者的我來說，是一個非常重大的關鍵。因為當壓力過大且時間過長時，就會加速生理的老化，也會提早罹病。然而從研究上顯示，平均來說，我們的壓力值只會增加，不會減少。

## 超級壓力

新冠疫情掀起一波急遽上升的憂鬱和焦慮感，但實際上大眾的壓力指標多年來一直持續上升。壓力研究人員長期追蹤大眾的日常生活，並詢問人們發生的壓力事件，以及他們之後的感受；他們發現在過去的二十年裡，人們比以往經歷更多的壓力事件，也因此感受到更大的壓力。[2]

結論：我們的壓力越來越大。

我們通常認為只有在發生壓力事件時，人們才會感受到壓力，像是被徵召加入蘇聯軍隊！這是比較極端的例子，其他像是分手或失去親人等大事，也會在幾個月裡讓壓力激增。然而日常生活上發生的事，譬如通勤時遇到交通堵塞，也會加劇壓力反應。壓力研究員經常把焦點放在壓力事件上，但是藉由人們在正常情況下如何放鬆或警覺的基準，來評估對方承受壓力的程度，反而更能表現真實的狀況。接著，就讓我們來談談每個人在大多數時間裡呈現的壓力狀態。

壓力反應非常簡單直接，當覺察到環境中的威脅時，我們的身體就會做出反應，向大腦發送出警示訊號。那麼在沒有明顯的威脅迫近，但狀況靄靄不明時，大腦會怎麼做呢？

人類有與生俱來的生存本能，會時時注意身邊的危險並保持警戒，因為無論是古老叢林還是現代都會，這個世界同樣充斥著不確定性和危險。在這樣的預設模式下，大腦會不斷搜尋安全和確定性的線索，而這個過程會耗損大腦內的養分[3]——葡萄糖，這就像大腦持續設定在高耗電量的啟動模式。不確定感會導致大腦產生連鎖效應，首先是前扣帶皮質（anterior cortex），然後是杏仁核（恐懼中心），並由杏仁核啟動壓力反應。在高耗電量的模式下，壓力反應會以微弱的程度散布到身體的各個部位，以防萬一真的發生狀況時能立即應對。當狀況明確，我們覺得安心並能夠放鬆時，大腦就會切換到「低耗電量模式」來節省能源。可惜我們的大腦不但勤奮又執著於追求確定性，所以大部分的時間多處於高速運轉模式。

## 你的壓力基準線在哪裡？

大多數人應對壓力的方式，不外乎透過放鬆或避開痛苦的想法和感受，但這些都不足以解決有害的現代壓力。即使我們能「放鬆」到壓力的基準線，基本上還是不夠，因為我們的基準線太高了，所以重點是要將基準線降低一點，這樣當我們從壓力反應中恢復時，才能真正復原並儲備能量。

**精神狀態與生理壓力或修復的關係**

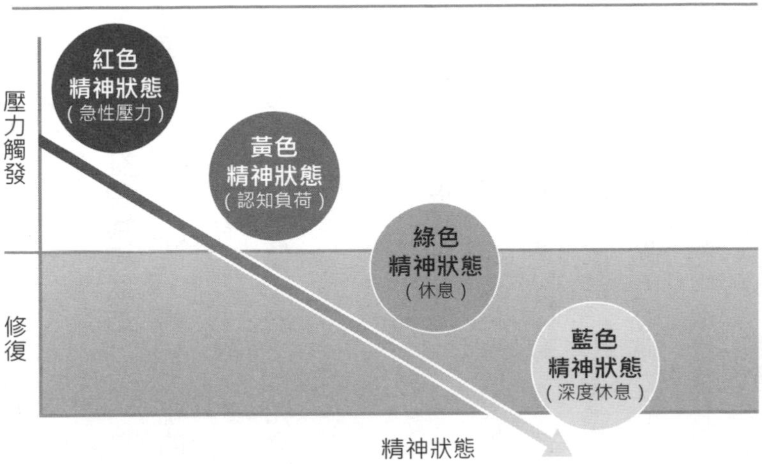


我們的身體很難處於「休息」狀態，通常休息時也不是全然地放鬆。有一種狀態比我們一般的放鬆更好，但也更不容易做到，那就是深度休息。深度休息的狀態能達到生理上的恢復，但是在壓力基準線太高的狀況下，根本遙不可及。

人類的神經系統擁有驚人的承受度，不幸的是它也常常「卡」在過於警覺的狀態。由亞歷山卓・克羅斯威爾（Alexandra Crosswell）博士在加州大學舊金山分校帶領的研究團隊，將「精神狀態」歸納出四個不同的範圍，也發現許多人都缺乏對壓力恢復和幸福感極為重要的「深度休息」。[4]就讓我由前頁圖表的左上角依序開始說明：

## 急性壓力（紅色精神狀態）

每當壓力事件發生時，神經系統的「紅色警戒」就會啟動，我們的身體也會做出急性壓力反應；對有些人來說，光是腦袋裡的想法就足以掀起驚滔駭浪。這個急性壓力反應也有可能是健康的——如果時間不是太長。紅色精神狀態代表我們的神經系統傾注全力，以製造能量為優先，因此釋放出大量的葡萄糖，做好應對的準備。

## 認知負荷（黃色精神狀態）

在一般的日子裡，這就是每個人的壓力觸發基準線，因為這時候的壓力值低於急性壓力，所以會讓我們誤以為這就是自己的休息狀態，但這離休息狀態相去甚遠，因為我們的「認知負荷」（大腦在有限的記憶容量中試圖同時處理的資訊）通常都維持得很高。以黃色精神狀態而言，指的是我們完成了工作，或是眼前沒有任何壓力存在的時候，體內還是會有引發壓力的壓力源。或許是具威脅性或強烈負面的想法所導致，而大多數人甚至沒有感覺到自己的想法導致了壓力。研究學者將這種高度觸發的狀態歸因於潛意識中的不安全感。特別是在我們感到孤獨、地位較低、受到歧視，或是兒時經歷過童年創傷，以至於對環境抱持著不安的心理。[5]然而任何人都可能因為隱約和不自覺的不確定壓力，而陷入多重感官慢性超載的狀態。此外，我們也常常必須同時接收多元刺激，包括來自螢幕的負面訊息，而且我們幾乎不會自主性地喊停。對多數人來說，我們的壓力預設基準線通常落在遠高於放鬆的黃色精神狀態。

## 休息（綠色精神狀態）

這是令人愉悅的放鬆狀態，當我們從事休閒活動而不會過度積極，或是全心全意專注於喜愛的活動時，就可能進入這種狀態，有時候也稱之為「心流」狀態。它同時也可以是一種隨心所欲的境界，可以什麼事也不做，單純地處於一種接收狀態，像是享受大自然、沉浸在美景或藝術之中，或是接受款待。這些狀態的共同點在於我們當下只處理一件事，並且感到輕鬆和安心。這些類型的活動據知能活化從腦幹基部一直延伸到全身的迷走神經，而迷走神經的活化有助於引發身體的放鬆狀態，同時提升「迷走神經張力」（vagal tone），能幫助我們更快從壓力中恢復。所以若能在休息或深度休息的狀態下越久，就越能夠訓練我們的神經系統以更具修復效果的模式運作。

## 深度休息（藍色精神狀態）

這是一種深層的修復狀態，藉由改變我們的環境而來（從充滿刺激性轉為祥和、安全的環境）。這通常也代表某種程度上的隔絕，或許是集中注意力，把專注的焦點縮小，或者保持開放的注意力擴散。藍色精神狀態意謂心理和生理壓力觸發皆位於最低的基準線，這種狀態來自於深度放鬆活動（如：身心的放鬆練習或冥想），而且通常不會持續很久。藍色精神狀態能讓身體進行真正的修復（如：細胞再生），而睡眠週期中的深層睡眠不僅是身體恢復能力最強的階段，也是深度休息的時期。

總括來說，我們一生的大部分時間都生活在紅色和黃色的精神狀態，很少進入綠色精神狀態，藍色精神狀態就更少之又少了。而壓力解方的其中一個任務，就是將我們的壓力觸發基準線降低到更接近真正的休息狀態。為了能夠在壓力下游刃有餘，我們必須調整預設的壓力基準線。

## 培養抗壓力

現在我們知道，壓力和老化在生物學上有緊密相連的相互關係。在慢性壓力下，我們的身體機能會磨損得更快，而長期的不確定感則是慢性壓力最普遍的緣由。因此，相對的壓力解方是我們必須「澆熄」不確定感導致的威脅壓力。我們需要轉變心態，將不確定感視為生活中的正常狀況之一，而不是與之抗爭或感覺受到威脅。回過頭來說說我的朋友布萊恩，他之後在俄羅斯的那個北極軍事基地經歷了一個轉捩點，他瞭解到造成自己焦慮和壓力的狀況，根本完全超出他可以控制的範圍。他沒有去或不去的選擇，只能接受安排；他沒有辦法決定自己什麼時候起床、什麼時間吃飯，或是想在任何時間做什麼事。在人生受到無法控制的衝擊，並導致生活發生巨變的過程中，布萊恩的觀點產生了轉變，他覺察到「我可以用不同的角度來看這件事」，如果一直在腦海中糾結事實現狀，只會剝奪任何可以感受到喜悅的機會。所以當其他同袍仍在極度焦慮中度日時，布萊恩體會到別無選擇也是一份禮物，而壓在他身上的重擔也突然減輕了。

布萊恩開始把心思放在生活中讓自己感到舒適的簡單事物上，每一件小事都變得別具意義，他覺得自己與其他人的互動更加深入。休假日到鄰近小鎮時，能夠自由選擇想吃的食物、自在地和新朋友交談，甚至只是支付公車費用，都讓布萊恩感受到純粹的愉悅和興奮。他早先因為書信內容會被公開閱讀且受到審查，所以放棄了寫信回家的念頭，不過他後來決定無論如何還是要開始寫信回家，就寫些不會被審查的正向事情。布萊恩發現，即使在如此極端的處境中，只要開始尋找，還是有很多正面的事情。現在回憶起那段日子，布萊恩認為自己在那時候經歷了一生中最多的幸福時光——慶幸自己還活著，並真切地享受生活的美好。

兩年的受訓結束後，布萊恩幸運地沒被送往阿富汗，平安回到了家鄉。但他永遠不會忘記這段經歷，以及幫助自己度過難關的心理轉折。在新冠肺炎大流行的第一年中，布萊恩的太太雅娜飽受焦慮之苦，事事擔憂煩惱：老年護理之家的營運管理問題（怕長者們染疫）、家人們受到的影響（怕兒子輟學）……她忙碌的大腦每天不停掃描潛在的災難。另一方面，布萊恩卻安於眼前的不確定和無法掌控。

「為什麼妳要買這麼多豆子罐頭和衛生紙？」他帶著難以置信但充滿愛意的笑容詢問妻子。

布萊恩深切體認到生活就是一連串不確定，很多事情都是無法控制的。不過他知道自己能克服生命的挑戰，即使在充滿壓力和不確定的世界中，也能夠找到快樂並安然自得。倘若他年輕時在嚴寒北極當兵能過得很好、享受生活並找到休息和寧靜的片刻，那麼不管在任何地方都做得到。有些事情當然還是會讓布萊恩感到壓力——畢竟他不是個機器人！但是關於未來的不可知，他絕對不會庸人自擾。

修習佛法的人都知道，佛教的中心思想就是接受無常，接受一切都會改變，沒有什麼是永恆的——包括我們的生命，這樣的想法能夠幫助我們面對不確定感的挑戰。我曾有幸訪問達賴喇嘛尊者，當我提問關於危機的應對以及如何更坦然面對不確定性時，尊者立刻就給出了答案。他說：「在佛教信仰中，每一件事都不停地在轉變，未來更是無法預測。我們面臨的問題，有些是自然產生的，例如氣候的變化；但是現在有很多問題是我們自己造成的。」他接著談到我們需要預期意外的發生，訓練自己的頭腦保持冷靜、思路清晰，並擁有一顆溫暖的心。[6]

所以，我們這個星期的首要目標，就是「預期意料之外」的事，學習透過彈性、開放和專注於當下，來戰勝壓力。

預期意外發生是一種心境上的轉變，讓我們能夠在事情不如預期或出錯時，覺得好像也沒太大的關係，讓我們能夠更從容地承受生活中的不可知和意料之外。如果我們能預期意外的發生，那麼當意外情況真的出現時，就不用花很多時間做出激烈的「戰或逃」反應，心跳不會急遽加速，身體也不會因為「威脅」而緊繃。研究數據顯示，越能自在接受生活中的不確定性，罹患慢性壓力疾病、焦慮、憂鬱或創傷症候群的可能性就越小。而若能持續保有抗壓力，就越能面對無法預期的壓力源（像是流行疾病或天災），越快從創傷性壓力中恢復，也就越能夠走出陰霾，過著更充實的生活。

每個人都有自己的壓力起始點，無論是遺傳基因、個人歷史或是當前的生活處境，這些都是形成個人「壓力光譜」的一環。雖然遺傳基因和過去的生活形塑了現在的我們，但是大腦神奇的神經可塑性開啟了另一個機會。如果我們能不斷重複新的想法或行為，就能形成或重組大腦中的神經系統。如此一來，就可以藉此調整以往的經驗並重新建立更靈活、冷靜的大腦反應。所以只要訓練身體和大腦，強化抗壓力，就可以幫助我們活得更久、更健康，並享受每一天的生活。

# 如何使用本書

接下來這幾頁，提供大家在這個不確定時代所需的一些簡易基本要素。我們無法控制的事情實在太多太多，但是當生活拋出曲線球時，我們有絕大程度可以控制自己的反應。只要建立一些簡單的新習慣，就能夠訓練身心用積極且對身體健康有益的方式，來面對生活中那些無可避免的壓力。

我們將在這本書中學到：

- 擁抱不確定性。
- 放下無法控制的憂慮重擔。
- 利用壓力反應的協助來克服挑戰。
- 訓練細胞進行更有效率的「壓力代謝」。
- 沉浸在大自然中，以重新調整神經系統。

- 進行深度復原的練習。
- 在忙碌的日常行程中穿插歡樂片刻。

這些都將為我們帶來面對生活中的不確定時所需要的儲備能量和韌性——讓我們能夠駁浪而行，不被輕易捲入浪潮之中。

加州慘遭大火肆虐的二〇二〇年秋天，火勢一度逼近我居住的地方。我記得那時自己打包了一個裝必需品的逃生包——袋子本身必須輕便好揹，裝進去的東西也絕對是必要和有用的，好讓我們可以輕鬆攜帶且立刻用得上。那是一個真正的逃生包，而我們現在需要的，是一個隱喻的救難包，裡面確實裝有能夠應對生活壓力和不確定性的工具——就是本書的內容。這本書提供一個為期七天的計畫，用來改變你和壓力之間的關係。每一天的規畫都是為了讓讀者獲取一項新技能（也就是可以讓你放入隱喻救難包的工具），它們會陪著你往前邁進。這些練習不需要特殊設備，而且只需要五到十分鐘就可以完成。你可能想問：一天之內就能改善壓力指數嗎？

沒錯！

只要一天就能產生關鍵性的影響，更何況每個人一定都有十五分鐘的掌控權。我們的人生繞著每一天打轉，天天擔憂著，也天天照顧著自己，而在生活中建立的模式和習慣，更決定了我們是否幸福的關鍵。現在只要透過小小的調整，就能對我們的生活產生莫大的影響。

請帶著全心全意善待自己、體貼自己和隨遇而安的心情，來看待這本書和每一次的練習。若是你沒有足夠的時間在一個星期之內讀完整本書，那也沒關係，因為我們最不希望看到的，就是「製造更多的壓力」。你可以每天或每個星期讀一個章節，也可以休息一陣子或是連續幾天重複練習後再繼續，一切都隨你的意願和心情，就按照適合你的進度來閱讀。你的唯一任務是找出如何在忙碌的生活中增加快樂，而不是壓力。就算最後只是養成了一項每天進行的練習，都能為你的健康帶來很大的改變。這就是一種成就與成功。

我希望閱讀完這本書後，你能擁有更豁達、開放的心態，對於自己的壓力反應和神經系統更加瞭解，得到新的見解，同時獲取善加管理它們的工具，讓生活充滿喜悅、健康長壽。

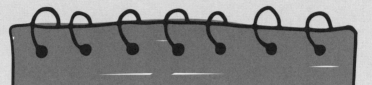

第一天

# 事情總會出錯……沒關係

研究計畫不太順利。

新冠肺炎（COVID-19）疫情爆發一年了，每個人、每個地方的處境都令人無法預期：會不會再度實施隔離政策？新變種病毒還會傳染嗎？學校會按照計畫重新開放嗎？實驗室裡的情況同樣不穩定，許多參與實驗的人和研究人員因為染疫隔離而無法繼續參與，供應鏈的中斷也代表疫情前占滿整抽屜和櫥櫃的重要實驗器材突然供不應求。

「我們的微量吸管尖沒了？」我記得自己向助理詢問時還一臉不可置信。少了這個小小的塑膠滴管尖頭，我們連一些最基本的實驗都沒辦法進行。全國各地的實驗室都因為供應鏈的問題，沒有微量吸管尖可用。

然而我們正在進行的實驗特別急迫，這是一項由美國國家衛生組織（National Institutes of Health）所資助的案子，負責研究因疫情引起的憂鬱症和新冠疫苗的接種情況。事實證明這些疫苗非常有效——真是充滿希望的好消息，也是讓人樂觀的理由。但是從長遠來看呢？疫苗的抗體能持續多久？哪些因素可能幫助或阻礙這種病毒的抗體持續留在體內？我們已經知道睡眠不足、吸菸和心理壓力太大等個人問題會降低人體對其他疫苗的反應。所以許多人因為這場病毒風暴所受到的打擊壓力，顯然可能影響抗體的生成。由於全球的群體免疫力仍然有待確認，因此我們想要釐清：心理健康（例如：感受到日常的喜悅和生活目標）是否能夠讓我們遠離壓力，並因此擁有更強健的免疫保護力？

在類似的研究中，我們需要觀察更多生活細節和人們的想法，還有他們在日常中經歷了多少快樂和焦慮。所以參與者必須每天填寫問卷，讓我們知道哪些事造成了他們的壓力，以及感受到的壓力程度。今天哪一件事讓你覺得壓力最大？這件事發生過後困擾了你多久？這件事是小麻煩，像是交通問題？還是大問題，例如和伴侶發生重大衝突？這些個人訊息再加上生理數據，就能讓我們針對每個人的壓力狀況得到寶貴的資料，並幫助瞭解期望如何形塑壓力。「你的一天中有多少事情是可以預期的？」是我們詢問每位參與者的其中一個問題。

每個人都希望凡事皆可預期，人類天生就傾向如此。我們渴望預知每時每刻發生在自己身上的事，然後以此規劃每一天和每一年的里程碑。我們的身體想要在應該吃午餐的時候吃午餐；早上開車出門時，大腦也預期今天的上班或上學路線跟昨天一樣（而且不會塞車！）。如果周遭環境大多是可預期的，我們就會感覺更安全，即使還有其他的壓力事件，還是可以擁有某種程度上的放鬆。

我們有各自的壓力觸發基準線，也隨著一天的生活在這條基準線上上下下。每個人的基準線不同，有些人隨時保持警戒，整天緊張兮兮，只要一點突如其來的聲響就會被嚇到。而有些人卻像平靜深沉的湖水，難以被擾亂。無論如何，壓力觸發基準線基本上越低越好，這也代表我們有更大的壓力忍受度。不過當我們的基準線已經很高，而事情又不如預期發展時，原來的基準線也會跟著急遽升高。

新冠病毒的研究幾乎占用了我所有的時間，除了犧牲大量個人時間和專業投入之外，我的電子郵件已經好一段時間呈現離線狀態，也設定停止接受通話，很多人因此受到驚嚇，以為我發生了什麼事（我實在沒時間啊！抱歉了大家）。艾里克・普拉瑟（Aric Prather）是我的研究聯合負責人，我們日以繼夜地進行此項研究，調派安排實驗助理、確保做好所有安全預防措施和行政文書工作、討論各種研究方案，並解決所有突然冒出來的危機問題。為了讓研究順利進行並跟上國家衛生研究院設定的時程表，我可以說卯足了全力，因為只要一出錯，都會是致命的一擊。但……問題還是層出不窮。

每次安排參與者進行抽血以測量壓力反應時，都需要一組能夠相互協調的工作團隊，包括一名護理師、一名實驗技術人員和一整團研究人員。所以如果有人請假，就會是個大麻煩，但幾乎每天都有人請假。其中有個星期因為美國西岸發生大火，迫使附近居民逃離家園，我的幾位員工也因此無法來上班。幾天過後，這場大火產生的濃煙將舊金山的天空變成了世界末日般的磚紅色，當地的空氣品質監測儀直接跳到深紫色，這是儀器上的最差等級。最慘的是熱浪的襲擊，但是礙於煙霧太嚴重又不能打開窗戶，我們因此不得不將實驗室關閉了好幾天，研究工作也完全中斷。

我發現自己非常焦慮，擔心下一次不知道又會出現什麼緊急狀況，或是大火會不會又來一次，甚至下一次又出錯。但……我是一位專門研究壓力的專家，近三十年來一直致力於研究壓力對健康和老化的影響。我知道不確定感帶來的壓力（正如我所經歷的），是最具傷害性的慢性壓力之一。這類型的壓力悄悄地滲透，來得無聲無息，所以我們常常輕忽大意，經年累月之後，甚至慢慢習慣了它的存在。但這樣的狀況在特別不明確的時期，很容易將基準線提升至更高的壓力觸發狀態，倘若疏於注意，這種壓力會在休息甚至睡眠時，依然伴隨著我們。

## 保持警覺的代價

人類的大腦偏好確定感，因為神經系統在這樣的狀態下才能夠放鬆。當狀況可預測且穩定時，我們就不用把腦容量用在計劃、懷疑、擔心和想像「可能」會發生什麼壞事上，這樣大腦可以有更多的「認知頻寬」（cognitive bandwidth）用來思考、解決問題和發揮創意。但不確定感在近年來已經成為我們生活的一部分，也對身體造成了傷害。

當接下來會發生什麼事是個未知的問號時，我們的生理反應就如同老祖先面對遼闊開放的平原那樣，覺得自己暴露於險境並感到脆弱無助，所以我們會提高警覺。身體也自然進入準備攻擊或逃跑的應對狀態，然後在生理上產生微妙的變化——心率輕微上升、肌肉緊繃（不一定能覺察到）。身體在這種壓力前的狀態下默默進行前置工作，等待大事發生。我們的身心在這時已經進入一種警覺的準備狀態，不僅偵測危險，也「預期」危險的發生。無形的不確定壓力就這樣將我們吞沒。

這樣的應對心態在史前時代顯然極為有利，在不確定或捉摸不定的情況下出現壓力反應傾向，無疑讓史前祖先躲過了數百萬次的災難，更是人類能夠存活至今的原因。能在情況快速轉變之下做出壓力反應，也會為我們帶來非常大的好處，因為下視丘釋放皮質醇（腎上腺分泌的壓力賀爾蒙）到血液中，使體內更容易取得葡萄糖（糖分的一種，可以轉化成能量），一但危急來襲時，身體就可以迅速地火力全開。我們已經確知慢性預設壓力對細胞造成的影響，在一項開創性的新研究中，我在哥倫比亞大學的同儕馬汀．皮卡德（Martin Picard）測試了長期在慢性預設壓力下的皮質醇對細胞壽命的影響。他發現細胞一直處於警戒狀態，時時預期威脅的出現，新陳代謝也加快了，換句話說，細胞進入了高耗電量模式。如此一來，細胞內的端粒會顯著地縮短，複製的次數變少，也更快趨於死亡。[1]

發生短暫的不確定狀況時（例如：需要演講或上臺報告），精神和身體上的能量爆發的確能有助益，然而不確定感的問題和其有趣之處，在於它鋪天蓋地般的滲透力。它的出現不限於哪一個時間點，可能是某一天也可能是某一個星期，而且簡直是無所不在。我不僅擔心**正在進行的研究接下來會怎麼樣？**還有其他相關的大事——**我的生活會因此發生什麼改變？我的孩子會發生什麼事？甚至整個國家、全球經濟和這個世界又會發生什麼樣的變化？**

此外，明顯的壓力源通常顯而易見，就像飄揚的旗子般讓我們一眼就能看到，並做好準備，然後在事件過後恢復（之後會詳細說明）。但不確定感帶來的壓力很容易被忽略，它幾乎是一種微妙的存在。我們在不知不覺中，投注一定程度的潛意識注意力來偵測周遭的危險，而且不只在醒著的時候，連睡眠時也是如此。我們甚至沒意識到自己處於如此高度警覺的精神狀態，這就是前面提到的黃色精神狀態。

理想的身體健康狀態是交感神經系統（戰或逃）和副交感神經系統（休息和消化）之間的平衡。由於不確定感的壓力會提升交感神經的活化，讓我們永遠沒有機會好好休息，所以如果在心態上無法接受不確定性的存在，我們就會長期處於慢性壓力之中。

## 培養不確定感的耐受力

不確定感不僅會影響情緒並造成壓力，也會連帶影響到我們的決策過程。一項研究邀請參與者玩一個簡單的電腦遊戲（例如：在岩石下找到一條蛇），而在遊戲過程中，手部可能會受到輕微的電擊。不過研究人員事先做了改變：有些參與者從頭到尾都不會受到電擊，有些參與者只有一半時間受到電擊，最後一組則全程受到電擊。研究結果證明，那些經歷最多不確定感的人——即一半時間遭到電擊的參與者，承受的心理壓力最大。他們的交感神經系統（戰或逃）處於高度警覺狀態，心率加速、瞳孔放大。而導致壓力的源頭並非受到驚嚇或衝擊，而是不確定感。有趣的是，經歷最多不確定感的那一組遊戲的表現最差，做決定時需要花的時間也更久。[2]

在一項關於壓力和疫苗接種反應的研究中，我們進行了不確定感的耐受力檢測，以瞭解它對病毒大肆流行期間的壓力反應有什麼影響。結果正如我們的假設：耐受力較低的人往往在疫情時承受更嚴重的創傷後壓力，隨後也更容易產生偏執的侵入性思維（intrusive thoughts）、逃避和焦慮。另一項疫情相關研究則發現，耐受力較低的人會更恐慌地購買衛生紙和罐頭食品之類的商品。[3]我們同時也知道，越能忍受不確定感，就越不容易出現嚴重的心理狀況——不確定感的耐受力越高，罹患焦慮和憂鬱症狀的機率越低。而患有焦慮症的人特別容易受到不確定感的影響，他們通常有認知偏差的傾向，會將不確定感視為一種危險，面對不確定的狀況時常出現激烈的威脅反應。[4]

就像大多數事情一樣，不確定感的耐受力也有強弱與範疇之分。有些人的神經系統很能接受並適應在「開放空間」下的不確定感，其他人則感到焦慮不安，而且反應更加激烈。不確定感的耐受力會受到許多因素的影響，包括遺傳、成長環境、個性和生活經驗。一項以老鼠為研究主體的實驗顯示，當環境出現不確定的狀況時，大腦邊緣系統的一組特定神經元會產生焦慮行為。實驗中的老鼠為了尋求保護，本能地往狹小黑暗的地方鑽，因為開闊空間對牠們來說是一種天性上的威脅。這也不難理解，畢竟這些老鼠在野外被天敵一爪掠走的可能性非常高。當這些實驗鼠被釋放到了戶外，牠們大腦掌管記憶和情緒區域的特定神經元被啟動——阻礙了解決「高階」問題的思考能力，從而引發老鼠本能的逃避行為，[5]所以急忙逃回到暗處。當研究團隊明白如何壓制這些「焦慮神經元」之後，老鼠們才放鬆下來，並開始探索戶外的環境。

難道我們永遠都不需要小心謹慎嗎？因為如果把每隻老鼠的焦慮神經元阻斷，牠們可能都會成為貓頭鷹的晚餐。所以關鍵在於我們可以在不確定感和焦慮之間畫一條界線，這條界線可以延伸到激烈的威脅反應，最後再到避免任何不確定感和捉摸不定。不確定感耐受力較低的人，通常會遭受嚴重的焦慮和壓力。從臨床上的例子來看，如果有人連很小的風險都無法忍受（不確定的模糊處境對他們來說就是一種危險），這種極端的狀況就是我們所稱的「廣泛性焦慮症」（generalized anxiety disorder），其特徵是注意力陷入「掃描危險」模式，過度擔心並且出現身體上的焦慮症狀（異常焦慮、逃避新狀況、身體緊繃、驚嚇反應）。患有廣泛性焦慮症的人通常需要反覆確認、想辦法避免模稜兩可及處於「曠野」的狀況。然而，只要有一點不確定感的情況就迴避逃離，也可能會喪失許多人生體驗和機會。我們就像那些老鼠，而人生就是貓頭鷹。

我的朋友雪洛就是一臺警戒掃描儀，我百分之百確定她的不確定感耐受力肯定非常低。我們的孩子都還小時，雪洛和我會帶著他們在家附近散步，雪洛常常突然停下腳步驚嚇地大喊：「黛比呢？」但黛比從來沒有離我們很遠。我明白她為什麼會有如此激烈的驚嚇反應和高度警覺性，因為雪洛過去曾經歷過創傷，所以她的神經系統非常緊繃。即使那些痛苦的往事都已經是二十年前的事，她的體內仍然有一個強大的「警報系統」，在非必要的時候還是不斷地猛按警鈴。

現在孩子們都長大了，但我們還是會一起遛狗。雪洛在手機安裝一個稱為「市民」（Citizen）的應用程式，市區裡在任何時間、地點發生了突發事件，她都會收到通知。只要手機訊號一響，雪洛就會拿起手機，念出上面的訊息：「五公里外的法院被闖空門。」我有一次問她為什麼要下載這個應用程式，雪洛告訴我：「我知道這個習慣很蠢，還常造成我擔心這個害怕那個的，但至少讓我覺得一切都在掌控之下。」

擁有掌控權有助於壓力的緩解（這部分會在下一個章節討論），但是持續性地警戒會讓我們一直處於無法休息的黃色精神狀態，亦即壓力觸發的臨界點。更好的做法是努力適應不確定感，讓神經系統適應有些事情就是不確定，並且接受這樣的狀況。當我們能夠容忍不確定感時，才更有可能信任他人、與他人合作、建立共同努力的目標。[6]況且無論我們是自由派還是保守派，都不太可能抱持著僵化、極端的政治觀點（這可是壓力的主要來源啊！）。[7]

雪洛後來刪除了那個犯罪提醒的應用程式，她覺得自己做對了，刪了應用程式讓她不再那麼頻繁地偵查意外狀況。有些人的自動壓力反應天生就非常敏感，這一點沒辦法一下子就改變，但我們可以做的是改變後續的應變方式。因此，當你掉入不確定耐受力的考驗時，請記得：你可以一點一點地努力，試著在未來的每一天甚至一生裡提高自己的耐受力。

## 如何克服「期望違背」效應

薇薇安和已成年的女兒艾莉西亞每天都會通電話，儘管她們一個住東岸、一個住西岸（薇薇安住在舊金山，艾莉西亞住在紐約），母女倆還是十分親密。薇薇安對於自己和女兒雖然相隔遙遠卻能經常保持聯絡感到十分欣慰，也覺得自己參與了艾莉西亞的生活。不過她注意到兩人的話題似乎總是在抱怨之中結束，艾莉西亞會對當天未按照預期進行的事感到沮喪。令薇薇安感到驚訝的，是艾莉西亞發牢騷的每一件事好像都言過其實，像是外出時找不到停車位的心煩程度，猶如老師擔心學生罹患過動症一樣令她無法釋懷。艾莉西亞也經常感嘆前一天有多順利，然後在叨念計畫不如預期的結尾時說一句：「每次都突然有事情冒出來！」

薇薇安有點困惑。「這種事不是很正常嗎？」她通常會對艾莉西亞說：「妳為什麼覺得事情一定會很順利？」

薇薇安不太明白女兒的心態為什麼跟她完全不同？在她看來，人生不就是如此，沒有理由相信所有的事情都會順順利利。薇薇安在成長過程中隨著家人搬過很多次家，也因此很快就學會適應和隨遇而安。在生下艾莉西亞之後，為了給孩子一個安穩的成長環境，她放棄了好幾次的機會，只因為不想讓家人過離鄉背井的生活，她希望艾莉西亞不要像自己小時候一樣。但是薇薇安現在不由得懷疑，自己是不是因此讓艾莉西亞有了偏差的想法，以為這個世界可以隨著自己的計畫和期望被控制、預期和改變？難道她為了不讓女兒遭遇自己曾經面臨的困境，反而讓艾莉西亞無法適應真實的生活？薇薇安預期人生的道路總可能需要繞路或遇到此路不通，但艾莉西亞卻預期一路直行順暢。

薇薇安是我的朋友，不是參與研究的人員，所以我從不曾將她拉進實驗室進行抽血檢查，調查她的壓力指數或是觀察她的細胞。不過如果真有可能，我會拿薇薇安和艾莉西亞做比較，我想知道其中有什麼不同。無論時光如何流逝，薇薇安和艾莉西亞的法定年齡差距永遠都會停留在三十二歲，但她們在生理年齡上的差距可能正逐漸縮小。薇薇安每天都以不亂不慌的態度面對生活中的意外和挫折，即使出現意料之外的阻礙，對她似乎也無法激起壓力反應。但艾莉西亞的反應就有如天壞之別，當事情出現了絆腳石時，她的交感神經迅速啟動，立即準備應戰。如果這樣的狀況經常發生，甚至一整天或每天都發生——那情況真的不太妙！

我們通常會在事情出問題時產生壓力反應，以佛教來說，這就像是第二支箭，意思是每當不好的事情發生時，我們就像被射了兩支箭。第一支箭是發生了那件讓我們受苦的事，第二支箭則是我們對那件事情的反應。換句話說，問題（第一支箭）

是無法避免的，但是痛苦（第二支箭）則是一種選擇。事情就是會發生，每個人都會被第一支箭射中，但若我們因為「受苦」而感到「痛苦」，就等於向自己射了第二支箭。對艾莉西亞來說，事情違反了她的期望，她會想：「為什麼是我？」薇薇安則有不同的反應，她想的是：「怎麼可能不是我？」

我們會在腦海裡想像接下來的一天、一星期或一生可以或應該如何度過。人類的大腦具有令人驚奇的能力，能在腦海中思索許多可能的結果，而且運作起來毫不費力，甚至常常不自覺。我們想像在陽光灑落的戶外長椅上吃午餐，想像在下午的會議上如果被點名該說些什麼，我們也想像著未來能得到自己申請的工作職位。然後當這些想像的期望被打破時，我們很容易覺得彷彿發生了悲劇，好像自己受了委屈，成了受害者。然而有一種方法能讓我們繼續懷有期待和夢想，卻不會陷於慢性紅色精神狀態之中。

## 降低你的期待值

在進行新冠肺炎的研究時，因為先前的進展讓我對研究結果有相當程度的把握，我預期櫥櫃裡有充足的必需品、有足夠的人員、研究參與者也會按計畫出席。我原本不知道自己的內心抱持著這些期待，但事實的確如此。因為每當問題出現時，我明顯感受到威脅，我的腎上腺素激增、心跳加快、腦袋慌亂地快速運轉，想著：「現在該怎麼辦？」

幸好和我一起參與研究的同儕艾里克重新做了調整。經過整整一個星期疲憊的危機處理之後，壓垮我的最後一根稻草還是出現了——一名參與者弄丟了她的生物感測器，因為她的房子被燒毀了。剎那間，我對所有投入研究工作的努力產生了懷疑，因為這位參與者剛經歷了可能是她人生中最痛苦的事，其他的參與者也是一樣。或許我們根本就不應該進行這項研究！我們應該都到野火疏散避難所幫忙才對。我甚至想舉雙手投降，把補助金退回去。但是艾里克冷靜地指出，這項研究本來就預期會出錯，為什麼我認為事情會突然不一樣？

艾里克說得對！由於疫情的關係，造成器材供應中斷、工作人員和義工因為染疫或是需要照顧孩子而取消排程，加州大火持續延燒導致道路封閉和居民被迫疏散，我們只能預先設想還會發生其他意外。在接下來的研究期間，我每天早上醒來都對當天可能會發生的事、甚至是危機抱持著開放的態度，如果真出現了什麼問題，也只能聳聳肩，然後說一句：「剛好而已！」我們已經修練到「預期」就是會出錯的境界，這樣當問題真的發生時就能從容應對。而當事情令人不敢置信地順利無礙時，我們會覺得感激。簡單來說，我已經接受每天絕對會出現不確定的事，所以這件事已不再對我構成威脅。

那麼，當你從今天開始改變你的壓力反應時，我希望你做的第一件事，就是接受這個星期一定會出錯，但是出錯也沒關係！我說的「錯」指的不一定是不好的事，只是不符合你的期待。過度期待很可能會讓我們受傷，無論這些期待是正面的（我們所期望的）或是負面（我們害怕的）。所以最好盡可能降低我們的期待值。

## 以當下為中心的彈性心態

我的瑜伽老師說：「期待排除了當下的所有可能性。」因為你已經在預期未來，你的心思已經不在此時此刻。然而現在這個「當下」，才是唯一可以真正讓我們感受到確定性的時刻。

我的意思不是你永遠都不該對某一天或生活中可能發生的事抱持期望。人類的大腦有如預測機——而且全天候自動化，如果想要強制關閉，未免太不切實際，況且我們也需要保有想像和夢想。只是當我們對期待太過於執著，就會成為問題。所以解決的方法不是停止懷有期待，而是在覺察到自己有過度期待的傾向時，能提醒自己不要執著，並微笑以對，做好期待可能落空的準備。

身為壓力研究者，在評估某項課程是否能夠幫助人們做更有效的壓力管理時，我們會以幸福感以及持續性來做基準。我們發現某些方式（特定的呼吸法、高強度間歇運動）非常有效，但若是不能持續練習，效果就會逐漸減弱。另一方面，以覺察當下心態為宗旨的冥想或正念訓練，即使不是每天練習，還是能有持久的效果。

我和研究夥伴也為此進行了一項研究。我們招募了兩組從未接觸過冥想的女性，其中的對照組被送往豪華度假村，進行為期一週的假期，她們在那裡可以游泳、散步和放鬆。另一組也住在同一個度假村，但是每天規劃了八個小時的靜坐冥想、瑜伽和自我省思的課程。我們想要知道：長時間的放鬆和休息是否也能像冥想一樣減輕壓力？還有，冥想真的更有效嗎？

一週過後，每個人都覺得受益匪淺——所有的女性都感覺棒極了！她們提到自己的活力明顯提升，壓力和憂鬱感也減少了（這倒一點也不意外，無論冥想與否，人類的神經系統在悠閒美好的度假村裡一向表現良好）。然而我們在將近一年後的持續追蹤調查中發現，這兩組人的幸福感出現了差異。對照組的壓力和憂鬱指數重新回到假期前的狀況，那段假期的改變好像也煙消雲散。但進行冥想的一組在一年後的壓力和憂鬱指數依然比較低。雖然這組內的一些組員持續保有冥想的習慣，但還不足以解釋整組的全面正向結果。所以我們認為即使是短暫性的冥想訓練，也能讓人產生不同的心態，對大腦如何運作有了新的見解，並體認到我們的想法就只是想法而已——是短暫觀察的詮釋，不是事實或事件本身，如果一股腦地陷進自我的想像，就會引發不必要的壓力反應。這種對自我認知的省思，稱為「後設認知」。

冥想一直是我長期以來調解壓力的方法之一，我不一定每天都有空進行冥想練習，但一年至少盡量安排一次靜修時間，練習專注於當下的「臨在」與感知的覺察，在靜修結束之後的很長一段時間裡也深受其利。不過我的確發現，從靜修時的深度休息狀態退回到日常步調快、壓力大的生活，有時候僅在一瞬間。有一次才剛結束靜修，我坐進車子的駕駛座，繫好安全帶，轉動鑰匙啟動引擎，就在那一瞬間，我的思緒也隨著引擎一起開始轉動。在這之前的我還很平靜、沉穩，然後一下子就完全沉浸在高速運轉的預設計畫之中，規劃接下來要做哪些事、思考下一個和再下一個工作排程，我的待辦清單馬上就有五件事等著我去做，和時間賽跑的熟悉感也立刻湧現。我的身體緊繃了起來，準備應付「接下來要做的事」。

我停下車，打電話給才剛一起度過週末的冥想老師。

「我整個週末的練習都破功了！」我對老師說：「我一離開，就覺得大腦裡的開關突然被打開，一下子又被打回了原形。」

「知道了。」冥想老師停頓了一會兒，然後說：「妳的身體現在是往前傾的嗎？」

我的姿勢是這樣沒錯。

「我們進行思考的時候就會這樣，尤其是大腦陷入規劃風暴之中。」她接著說：「所以現在我希望妳把身體往後靠，然後讓腦子也停下來。讓時間一分一秒地開展，讓事情迎向妳而來。我們的身體無法時空旅行，所以身體在哪，妳的心就必須在那裡。」

我把身體向後靠，試著慢慢呼吸，這麼做好像有用，我感覺自己放鬆了一點。

我們花很多時間思索未來——試著做計畫，想要搞定那些不能確定的事。我們確實需要清楚每天該做哪些事情，但是計畫總是趕不上變化，有些計畫很容易就成了白費功夫的原地打轉，讓我們疲憊不堪、情緒低落，也讓身體處於緊繃的狀態。我在那天學到了身體姿勢是解決這個問題的絕妙解方，把身體往前傾，就像是昭告自己的心思已經到了未來而不是現在。我們或許在不經意間徹底脫離了現實，忽略了自己身在何處；而將身體往後傾，可以將思緒重新帶回到當下，真真實實感受眼前「這一刻」的存在。

「所以不必為了潛在的問題做準備嗎？」你可能想問：「事先做好應變計畫不是更好嗎？」是也沒錯，只是就算一些負面事情真的如你所料發生了，你卻很容易因為一整天都掛念著這件事，而產生不太好的反應。一項研究發現，當人們預期壓力源的發生時，會激發有如真實壓力般的負面情緒，這個結論似乎不令人意外。此外，就算之後事情真的發生，做好應變計畫者的抗壓性並沒有比較強，他們的壓力反應就和遇到不曾預先設想的事情時一樣。[8] 換句話說，事前的擔心好像毫無幫助。我們的一項研究也發現，處於慢性壓力下的人會在事情尚未發生之前就開始預期和產生反應，他們的皮質醇激升，在接下來一個小時中的氧化壓力也越高。[9]

預期問題的發生其實沒有太大的幫助，這麼做除了會加大壓力反應，還會增加在即將面對的挑戰中產生負面經驗的可能性。因此與其對事情的發展懷有期待或擔憂，請試著練習「我不知道」的心態，保持好奇、謙和、中立的開放狀態。當你接受了「我不知道」，就不會執著於某個結果，也放下預期災難的可能，同時更能敞開心扉接受各種可能的結果。當你用「不知道」（語氣真誠且不尖酸）回答某個人時，或許還會被報以一個驚訝的微笑。對我來說，這個「不知道」的心態在二〇二〇年的那場研究中，宛如化身為一件盔甲。如果現在又發生了疫情或任何其他意外，我覺得自己都已經有了更充分的準備。

今天，請你問問自己：「現在有什麼事情讓我覺得不確定嗎？我對未來有不容改變的期許嗎？」接著請放下那些期待，提醒自己：今天是開放各種可能性的一天。現在和接下來的每次練習前，你都會看到左邊這個波浪圖案，這是一個視覺上的提醒，提醒你把身體向後傾，慢慢地呼吸，迎接全新的體驗。

## 今日練習題：收和放

### 救難包小技巧：擁抱不確定的未知與開放性

現在，我們將練習在不確定時以放鬆取代緊張。徬徨不安的不確定感常常化身成具體的壓力，尤其是在我們將那種壓迫感和負面情緒轉化成身體的感受、感覺和緊繃時。幸好，我們的身體也能夠帶動情緒，透過釋放身體的緊繃，就可以改變情緒的狀態。

首先，請找一個地方坐下來，最好是安靜、舒適的地方，不過這個練習在任何地方都可以進行，即使是在捷運、公車上或辦公桌前也沒問題（可以的話，請戴上耳塞隔絕干擾，或聆聽能平靜心靈的音樂）。接下來，請依照以下的步驟：

- **專注在自己的身體上**。閉上眼睛，集中注意力，然後進行三次的慢呼吸，從鼻腔一直到腹部，感受身體此刻正在經歷的感覺：椅子坐起來的感覺、房間裡的溫度。

• **找出壓力**。打開你的感覺掃描儀，用六十秒的時間從頭頂開始，再逐漸往下到腳趾，慢慢檢視你的身體。身體壓力會出現在各個地方，每個人積聚壓力的地方也不一樣，找出身體緊繃的地方——頸部、肩膀、下背部？找到後將壓力釋放出來。如果你緊握著拳頭，請把雙手打開；如果肩膀緊縮，請試著往後鬆開肩胛骨。隨著呼吸將身上所有緊繃或沉重的地方（也就是你的不確定感躲藏之處）一一放鬆。

• **現在，請問問自己：**

- 當你想到即將到來的這一天、這週或是未來時，腦子裡出現的是什麼？
- 你覺得最不確定的是什麼事？
- 你對事情的進展抱持什麼樣的期待？

• **放下期待**。找出自己熱切期待應該如何發展的那件事，然後認清事實：「事情到頭來只會有一種結果，但不一定是你期待的那一種。」請把腦海中對即將到來的一天或一週的想望全都擦得一乾二淨，提醒自己任何事情都可能發生，包括毫無預警的好事。所以請展開雙臂迎接未知，微笑面對不確定感，這個未知沒有人知道也無可預測，它是隨著時間展開的謎團。

- **最後，請向後靠下吧！**請向後靠在椅背上，越能斜靠坐在椅子上，就會越放鬆，更容易以開放的心態接受即將面對的事物。舒服地往後靠在椅子上，並將你的大腦調整為同樣舒適的狀態，什麼都不要多想，讓一切自然而然發生，感受每一分每一秒的存在。「這一刻」的你是安全的，可以全然地放鬆。

## 特別練習題

不確定感的壓力常常悄悄占據我們的身心。為了提早發現，我們可以在不確定感即將到來時進行覺察。

- **每天選擇三個時段來捕捉不確定感帶來的壓力：**建議在手機上設定三個時間點提醒自己，可以選擇好聽的鈴聲喔！
- **鈴聲響起時：**請暫停手邊正在做的事並面帶微笑。檢查身體的時間到囉！找一個地方坐下來，重複之前的練習——你現在感到不確定的事情是什麼？檢視你的身體，找出任何有壓力和緊繃的地方，然後釋放出來。

- **每當你覺得緊繃時：**那可能是一種無形的壓力，請把它找出來，正視這股壓力的存在，然後釋放它。閉上眼睛，把身體向後傾，專注呼吸，在這一刻感受身心開放、接納的溫暖感覺。請記住，未來必然充滿了不確定性（就算只是五分鐘之後的事）。但是只要你願意，隨時都可以利用此時此刻，體驗當下和現在的確定性與輕鬆感。

## 找出問題來

有時候我們會特別擔心某些事情，而且一直憂心忡忡。放棄掌控感不是一件容易的事，所以千萬不要對自己太過於嚴苛。我們之中有些人（尤其是童年遭受過創傷）已經建立了非常強烈的抗拒心態，這個心態不容許我們輕易放下心防，無法「鬆懈」下來。倘若你發現自己對某件事一直鑽牛角尖地胡思亂想，停也停不下來，請試試以下這幾個方法。

### 1. 對風險的可能性進行實際評估

假如你擔心可能會有事情發生，那就做一下沙盤推演。可能發生的最壞情況是什麼？實際上發生的可能性有多大？人生路上必定會有一些風險，但通常遇到的風險都很低。所以請關注「應該」會發生的事，而非「說不定」會發生的事。

對患有嚴重焦慮症（通常稱為廣泛性焦慮症）的人來說，長期的憂慮會造成精神耗弱。認知行為療法的治療技巧能夠減輕憂慮，讓人們更專注在生活上。你可以試著進行一些不確定感的實驗，先選擇一個問題（像是想要增進人際關係，但是對參加聚會感到焦慮），然後預測會發生什麼事（我去參加聚會，卻沒有可以一起聊天的人，所以只能一個人坐在一邊）。你挺得過來嗎？應該可以。這樣的實驗可以增加不確定感的抗體，把擔心的問題或狀況寫下來，多練習幾次，就能夠越來越準確地預測那些恐怖結果的發生機率。（比你想像的少很多喔！）

## 2. 做計畫……然後放一邊

急於做計畫有時候是一種暗示，顯露出你確實需要做一點心理準備，之後才能感到安心和放鬆。那就去做吧！但完成之後就請停止繼續想個不停。因為一旦真的處於壓力狀況下，你需要的是在那個當下評估實際的處境（而不是你想像的情況），這樣才有效。關注當下是一種機智又有彈性的心態，所以請具體地模擬可能的狀況並做計畫，然後畫下休止符。接下來就該回到你目前所在。

身為一個曾經擁有強烈控制慾的過來人，我已經養成了一個終生受用的習慣，那就是每天晚上先列出待辦事項，然後就放在一邊，如此一來我就不會一直想著明天要做哪些事或又想要增加什麼，然後搞得翻來覆去，輾轉不成眠。這個習慣也成了我每日的放鬆儀式之一。

## 3. 不必煩惱全世界的事

你不是一座孤島，也不是生活在一個與世隔絕的大泡泡當中。這個世界儼然已經成為一個充滿不確定性的居住環境，有些事情勢必會波及到我們。

我們每天都會接收許多的新聞資訊，我自己在上一次的選舉期間，每分鐘都想知道又有什麼新消息，不斷查看每一個新聞網，搞得自己筋疲力竭，也睡得很糟。有時候我連半夜都在看新聞！

過度的媒體資訊——特別是在災難期間，實際上是造成創傷後壓力症候群的主要因素。[10]根據充分的研究顯示，在危機期間觀看新聞報導並不會讓我們感覺更好，反而會更糟。在九一一事件之後的一項調查中也披露，觀看越多媒體報導（尤其是影像媒體）的人，在三年後會出現更多焦慮症狀及健康問題。[11]在現今這個日益緊密連結的世界中，大多數人都能隨時獲知全球各地的消息，然而基於科學研究的結果卻是：我們不應該知道得太多！因為不斷地反覆想知道或確認，並不是因應這個充滿不確定性世界的好方法。請問問自己：這樣的確認或檢視是否有幫助？可以暫時置之不理嗎？新聞一直都會推陳出新，永遠都有播不完的最新消息，事實上我們也很少需要接收即時新聞。當你覺得急切地想要知道某個消息時，請告訴自己等一下，新聞會一直都在。

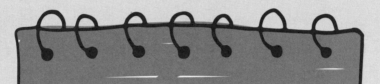

第二天

# 掌握你能掌控的……其他的都放下吧

珍妮剛滿四十五歲，她是一位活動策劃師，但因為憂鬱症的關係，工作上一直不是很順利。珍妮從青少年起就和憂鬱症展開對抗，所以大致上來說她還算知道如何透過諮商和藥物來控制病情。但是這一次珍妮反應的速度不夠快，在意識到自己需要幫助的時候，早已陷入了困境。珍妮失去了在高級餐廳任職的工作，也連帶失去穩定的收入，她居住的城市生活費很高，之前幾乎是月光族，當然也就沒有積蓄。

珍妮的母親住在離市區一小時車程的地方，家裡還有一個空房間，所以珍妮決定在生活回到正軌之前，暫時和母親同住。她找到一個兼職的活動規劃工作，但是只負責餐飲部分，感覺像低就了。在帳單不斷累積之下，珍妮對沒辦法存錢這件事感到壓力重重，再這樣下去根本無法搬出去自己住。

就在這時，措手不及的意外發生了，珍妮的母親突然中風。醫院的核磁共振檢查結果並不樂觀，醫生說雖然透過物理治療能夠恢復一小部分，但是很多地方已經造成永久性的傷害。原本能幹、年紀也不算大的母親，轉眼間變得無法正常生活。

珍妮的母親恢復得很快，甚至比醫生預期得還要好，幾個月之後，在助行器的幫助下，已經可以四處走動，說話變得流暢，俏皮的幽默感也回來了。除了右側的腿和手比較沒力氣之外，中風前喜歡做的事現在大部分都沒問題。不過珍妮的母親無法自己張羅吃的，珍妮也很擔心母親在她離家工作時跌倒，但是珍妮的母親不想讓外人來家裡幫忙，所以珍妮覺得自己應該搬不出這個家了——除非母親能恢復得更好，然而醫生在這部分完全沒有明確的答案。珍妮在這段期間發生了一些事，過去她在工作中從來不會出這種錯，像是宴會前才發現餐具不見了，或是算錯帳單費用。珍妮有時候覺得自己一整天都提心吊膽，彷彿所有的事情就要完全失控。

掌控感是主導壓力指標的關鍵因素。正如我在前一章所提到，人類的大腦偏好預測，我們想要知曉自己的未來，而且不只是知道就好，還想要有能力做最大程度的發展。一切都在「掌握之中」的感覺能降低壓力，特別是有害的慢性壓力。你當然還是會遇上壓力事件，但是當你擁有掌控感時，就更能準備好經歷一天中高高低低的壓力與反應，更能迅速地將自己恢復到正常狀態，這對你的身心都有益處。倘若一個人覺得無法自由支配自己的生活、工作或人生中的重要事件，也可能對相同的壓力源（像是從未獲得解決的威脅，或是由於不確定感和無力感所產生的持續慢性壓力狀態）產生截然不同的反應。

在生活上擁有高度的掌控感，和快樂、健康與富足有很大的關係。[1] 對自己的生活握有主控權的感覺，有助於情緒的調節，也讓我們更有抗壓性。舉例來說，當我們更有掌控感時，在面對工作、生活或社交關係上的壓力事件時，情緒反應也會相對降低。[2]擁有高度掌控感的人在經歷壓力事件後，不僅比較不焦慮，也比較少發生頭痛、胃痛或身體疼痛的症狀。人們對生活的掌控感越強，感受到正面情緒的強度和頻率就越高，相對地對負面情緒的感受強度也就越低。因此，掌控感能提升情緒的穩定度。對美國退休人員協會（AARP，Association of American Retired Persons）來說，還有另一個好消息：擁有掌控感的老年人特別能免於受到高壓的負面影響——甚至在新冠疫情期間也是如此。[3]

然而，掌控感其實有點複雜。擁有掌控感確實能讓我們覺得自己有能力，不至於感到無能為力，能夠降低恐懼、焦慮和壓力。但是當我們試圖掌控無法控制的事情時，就會產生反效果。

## 掌控感就像一把雙面刃

進行壓力管理時，我們需要感受到自己的掌控力，但也必須清楚哪些是我們無法改變的。當生活出現了不確定，我們的自然反應是想要加以控制，讓一切更如自己所料，進而感到「更安全」。就像覺得東西就快要從指間滑落時，我們會本能地抓得更緊。只是如果緊抓著超過自己能力所及的事物不放，反而會讓壓力持續不斷，成為毒害。

一項以狒狒為主角的有趣研究完美地說明了這一點，也為人類提供省思，因為我們很像穿了衣服的狒狒。人類和狒狒都是高度社會化的物種，而社會階級會對健康產生影響。狒狒是社會階級極為嚴密的靈長類動物，群體中由主導的雄性狒狒控制一切，舉凡不同階級之間的互動到分配食物等等。研究顯示，由於階級制度較高的雄狒狒和雌狒狒居於生存優勢，牠們的整體健康狀況較好，罹患心血管疾病的機率也比較低。[4]

而當雄性狒狒的階級制度變得不穩定時，情況也出現了變化。造成狒狒社會階級異動的因素包括死亡、極端氣候、環境改變，以及與其他群體或是群體內部的衝突。當原本穩定的生活和環境改變時，例如：將團體中的雄性狒狒領袖移居到新柵欄中，牠們發現自己身處於新的群體，並需要維護自己的地位，這時候這些雄性狒狒的生理優勢也隨著牠們的權力地位一併消失，而且比其他雄性狒狒更容易罹患心血管疾病。其中的原因不僅僅在於失去了掌控權，而是牠們試著想要繼續掌控。這是雄性狒狒的本能，但這就像把自己推進了死胡同，也付出了代價——更高的壓力賀爾蒙和罹患更多的疾病。[5]

當你擁有掌控權時，能夠掌控是一件好事。但若是你用盡心思想要擁有卻得不到，就會飽受其害。因此，掌控感就像一把雙面刃，當你擁有一個穩定、可預測的環境時，掌控感能助你一臂之力；但若失去了穩定和可預期的環境，渴望掌控反而成了造成傷害的阻力。如同前一章所討論的，「可預測」的因子隨時都可能消失，一向可預測的環境轉瞬間就可能因許多原因而一夕崩塌。

現代生活中最無法預期的衝擊就是疾病。如果你曾照顧過罹患嚴重疾病的親人，應該會對他們的狀況感到無助。我曾經對照護人員進行深入研究，尤其對他們面對壓力的經驗特別感興趣，因為照護人員需要承受很多無法控制的因素。在我們的壓力健康研究中，招募了家庭照顧者（而非以此為職業的照護人員），因為經年累月承受無法掌控和持續的壓力累積，可能會開始影響到這些人的健康。我的同儕珍妮絲・基科爾特・格雷澤（Janice Kiecolt-Glaser）與她已故的先生朗・格雷澤（Ron Glaser）在這方面進行的經典研究顯示，照護人員的傷口修復和癒合期，要比一般人多九天的時間才能完全復原。[6]

以多年來研究照護者及我自己後來也成為家庭照護者的經驗，我深深理解掌控感在這當中的重要關鍵。照顧家庭中精神疾病患者的照護者更是經歷了一段特別艱辛的歷程，那些無所適從、沉重負擔以及求助無門的情況，讓杏仁核（大腦中與情緒相關的部分）發出危險訊號。由於財務狀況受到醫療費用和失去收入的影響，他們的憂鬱、焦慮和健保的使用率也較高。[7]所以為了生存，家庭照護者必須緊緊抓住那些所剩不多但還可以控制的事，並盡可能提升自己的抗壓性。

對家庭照護者來說，「我可以掌控哪些事？」的問題就變得非常迫切。你想要為所愛的人爭取權益，讓他們獲得繼續生存所需要的支持和援助，同時卻又無法改變醫療進展或控制遺傳疾病，更無法預測病情會如何發展，而未來的任何診斷都可能讓未來（他們和你的）蒙上一層陰影。在這樣的情況下，家庭照護者所面臨的挑戰是學會在不試圖掌控下提供照護與支持——清楚知道該將他們的愛與精力投注在有幫助的研究或行動上，而不是把自己搞得團團轉或花力氣去做永遠不可能實現的事。

這是一個需要不斷進行心理調適的過程，也並非為人父母者或家庭照護者的專屬問題。照顧藥物或酒精成癮的家人（同樣是我們無法掌控的事），或全心投入服務想做出改變（像是身為激進主義者或是以醫學和社會服務為職的人），也同樣需要隨時進行心理上的調適。在任何非常在意結果的情況下，我們很容易就讓自己陷入長期的內心交戰，可惜的是，我們在這場戰爭裡通常贏不了，最後不但得不到掌控權，又賠上了自己的健康。

在這樣的狀況下，我們必須學會將生活分成兩種類型——可以控制的部分和無法控制的部分。我一直以來都把達賴喇嘛的一段話貼在冰箱上：

如果問題是可以解決的，如果情況是你可以改善的，那就不需要擔心。
如果問題是無法解決的，那擔心也沒有用。

現在我們就來做這件事：掌控可以控制的，其他的就放下。

更加覺察自己精神能量的走向，是一個能立刻有所幫助的做法。一個人的「頻寬」有限，因此注意力是一項寶貴的資源。當你花費大量時間關注尚未發生的事情，或是對已經發生的事情懊惱不已、反覆糾結，或者某件事情一直占據著你的腦海，遲遲無法退散，請問問自己：「這件事是我可以控制的嗎？」

還記得我之前提到的朋友布萊恩嗎？引發他頓悟的關鍵一刻，就是意識到自己其實正在與無法控制的事情相抗衡。在那之後，他接受了自己無法控制的現實，轉而專注在自己能掌控的事物上，也因此感受到無比的自由自在。這個頓悟的轉變也成為一種韌性，提升了他的幸福感與享受愉悅的能力。當布萊恩專注在自己「能」控制的一些生活小事後，他感覺到自己的五感似乎就此開啟，他可以用一種嶄新的方式體驗生活的豐富性，不但覺得活力充沛，也對生活充滿了感恩。布萊恩的人際關係有了更緊密的連結，也發現自己更能夠正確地解讀他人的情緒。這種幸福感持續了好幾個月，布萊恩永遠不會忘記那種感覺。聽起來可能很矛盾，但即使在如此艱困的環境下，布萊恩卻認為這是他人生中最沒有壓力的時期。這其中值得我們省思的是：倘若能夠專注於自己能夠掌控的事物，並接受其他的一切，我們的生活會是什麼模樣？

## 盤點你的生活

通常激怒我們或讓我們感到不耐煩的（如果有的話），都是那些我們幾乎控制不了的事，像是：孩子的行為或成績、另一個人的看法或對待你的方式、我們所愛的人面臨的問題、選舉的結果，甚至是大自然帶來的火災、洪水、極端氣候和傳染疾病。我們在控制不了也改變不了的情況上花費了大量心力。在試圖掌控無法控制的狀況下，身體會啟動「採取行動」的壓力反應，這種壓力反應對我們沒有任何幫助，卻會提高壓力忍受度的基準線。

因此，讓我們現在一起將你的主要壓力源分成兩類：

1. 有能力改變的。
2. 沒辦法改變的。

我們在前一個章節討論到不確定感壓力的普遍性和滲透力，以及我們甚至渾然不覺這股壓力正在消耗身體和大腦的資源。我們進行了「收和放」的練習，覺察自己感受到壓力的時刻並釋放出來。現在我們將再更進一步，仔細檢視生活中的壓力來源。

每個人的壓力源都不一樣，因為我們都以自己獨特的角度來感受這個世界，這個角度則受到過往經驗、遺傳基因以及其他因素所影響。有人可能覺得需要上下班往返通勤的壓力很大，另一個人則可能喜歡獨處。請根據以下說明進行你的壓力盤點：

**壓力盤點**

請準備筆和紙（用筆電更好，可以持續記錄），列出目前能想到任何讓你感到壓力、憤怒或不確定的事情。建議可以從日常生活、人際關係和工作方面開始思考，盡可能寫得完整、詳細一點。先不要考慮到該怎麼解決，只要先把所有的壓力源寫在紙上。

現在，請看看你列下來的壓力源。我們要做的第一件事，是查看是否有你想要刪除的項目，類似修剪的概念。不定期檢視壓力盤點是所有人都需要進行的工作，問問自己：「我需要保留這一項嗎？」使用掌控權的其中一個方式，就是決定捨棄某些東西，對它說「不」！

## 消除你的壓力

同時有太多事情需要兼顧會讓我們覺得失控，有時候正確的做法是捨棄其中的某些事。

一般人對於上述的建議，最常給的回應都是「沒辦法」，因為每一件事情都需要進行，每一件事情都很重要，每一件事都不能不管。但是，我們必須對這些想法提出質疑。

我每年都會為大眾提供幾次的正念研習，這是我最喜歡做的事情之一——將身心科學轉化成一般人可以運用的資源，並在研習中帶大家做練習。在聆聽大家對於蠟燭多頭燒的可預期理由後，我會要求他們深入質疑事實是否真是如此。實際上，你根本無法面面俱到地做每一件事，你需要找出一些可以放棄的事。盤點一下你列出的事項，有什麼事情是可以暫時置之不理的？或是哪些事可以完全拋開？

想要找出哪些事可以擺脫或暫時擱置，不一定那麼容易，畢竟你會把它列出來一定有原因，可能是和工作或家人有關，這兩個方面好像都更動不得。但有時候我們只需要放大視野，以更宏觀的角度來自問以下的難題：

**我能按下刪除鍵嗎？**

以長期來看，這件事情有多重要？

誰說這件事必須做？真的是這樣嗎？我的腦海中浮現了誰的聲音？

倘若我不去做這件事，或是我擺脫這個責任，會發生什麼事？可以交給其他人做嗎？

有辦法慢慢減少嗎？

最壞的結果是什麼？我能接受這個結果嗎？

會有什麼好處呢？

對很多人而言，工作上的全力以赴是最困難的部分。由於渴望得到認可或職位升遷、出於壓力、想要成為團隊中的一員或是害怕失去工作，人們覺得自己有義務接受工作上的任何請託或責任承擔。然而如果你已經心力交瘁，那麼想想該如何有禮貌地拒絕請託並設立嚴格的界線，就變得格外重要。有時候在工作上設定界線是一種能力的彰顯——你的同事或許會開始尊重你的時間，並減少推工作給你。學習在職場上說「不」是一項極有價值的技巧。每個職場環境都不一樣，遺憾的是在有些工作職場上說「不」（無論多麼客氣）根本不被重視或允許。因此，如果你所處的工作環境不容許員工說「不」，或許你該尋找其他職場環境更健康的公司或企業。

理想的工作環境能增進我們的身心健康。在許多工作文化中，過度疲累的狀況屢見不鮮，也損害了我們的健康。這樣的狀況和個人的工作能力無關，而是和工作上的人力不足和資源匱乏有關。倦怠是慢性壓力的一種有害狀態，尤其在持續多年孜孜矻矻又無法讓身心充分恢復的狀態下，就會導致有害的循環——情緒耗竭、憤世嫉俗、覺得自己效率低且表現不佳。你幾乎無法撐過每一天，你的內在睡眠生理時鐘紊亂，賀爾蒙可能失調（皮質醇變得過高或過低）。[8]唯一的解方，就是改變你的應對方式和職場狀態，如果職場狀態不可能改善，離開是最好的選擇。

女性在職場上通常會承接更多容易被忽視的隱藏事務（包括服務性質的工作），因此疲累感更高。倦怠研究的先驅克莉絲汀娜・馬斯拉哈（Christina Maslach）博士指出防止工作倦怠的關鍵因素：同事的支持、對決策和工作量有一定的自主控制權、感覺受到賞識和認可、覺得公允和公正、在工作中找到意義。[9]我發現減少日常的時間壓力和簡單地放慢速度，是想要過美好生活的核心要素。如此一來，我們才能有更多時間感受當下、感恩、恢復，並與他人深入交流，而非只有工作上的事務往來。長期的時間壓迫感是降低生活品質的禍首，不過只要在事務之間抽出幾分鐘，專注地呼吸幾次，做好迎接下一個會議的準備，並且調整成積極正面的心態，就能有所幫助。

社會承諾也是一道難題。我們希望協助生命中重要的人，卻常常被社會義務所壓垮，這些義務變得更像一種負擔，而非成就感的來源。社群確實非常重要，因為擁有緊密社交關係的人，壓力反應會比較小；然而緊密的社群關係並不一定代表擁有龐大社交圈。研究和調查發現，隨著年齡的增長，人們會刻意縮小自己的社交圈。因為隨著生存在這個世界上的日子越來越少，我們不想再把時間花在無法相互扶持、令人不滿、特別負面的關係上。我們都需要問自己：「為什麼不現在就開始縮小社交圈，使其變得更正向、更支持彼此呢？為什麼不立刻把正向的關係放在第一優先選項呢？」

我的意思絕對不是要你放棄正經歷困境的朋友，彼此的關係有時候會傾向其中一方，有時候你需要依賴對方，但後來對方必須依賴你，任何關係都無法永遠保持完美的平衡。當你舉目尋找可以減輕壓力和責任之處時，請著眼於長遠的考量。這麼做能幫助你重新聚焦在生活中最重要的人事物，釐清自己希望把時間和精力投入在什麼地方。在這樣的考量之下，可以讓你更輕易地「刪除」每天混雜在生活中的壓力源。

不妨這樣想：刪除掉其中一些事務，就能讓你「空出時間」和心愛的人在一起。我們之中有很多人，特別是使用社交媒體的人，會有所謂的「錯失恐懼症」（FOMO，Fear of missing out），深怕漏掉或錯過了什麼。因為不想錯失任何事情，因為想要成為團體中的一份子，因為想要跟上大家的腳步，所以一概照單全收。但是，這些讓你覺得不得不參與的事情如果造成緊張和壓力，就不一定能幫助你擴展社交關係。有時候為了自己的幸福健康、人際關係以及為了管理生活壓力，說「不」才是最好的做法。

## 簡化你的生活

新冠疫情的流行正好為我們在這方面帶來省思。當二〇二〇年的隔離政策啟動後，我們都被迫與這個世界隔絕，這可能是我們經歷過最突然也最極端的方式。對許多人來說，工作突然不再是朝九晚五，他們的社群網路急速停滯，只剩下家庭成員，或甚至只剩下自己。有些人獨自度過好幾個月的疫情。有位在那年和我一起開視訊會議的朋友說：「我已經六個月沒碰觸過另一個人了！」當疫苗問世且嚴格的社交距離稍微解禁後，大多數人都迫不及待想要重新與這個世界連結，「回復正常」。但同時，一個有趣的現象出現了。許多人突然有了遲疑，他們不是很想回到疫情前的狀態。有些疫情前認為「必須」的事，現在看起來顯然不一定得做。疫情的變動成了我們重新評估生活各個層面的機會，讓我們問自己：「我真的需要做這件事嗎？這件事需要我嗎？我的注意力和時間有限，這件事是我想投入的嗎？」

或許我們不想把所有的事重新一肩扛起，或許我們想要以更熱情和更有價值的方式重新投入這個世界。突然之間，我們有了重新自問的機會：「我想要過什麼樣的生活？這些事和我想過的生活方式會相互牴觸嗎？」

我們不需要等一場全球流行傳染病打亂生活之後，才開始頻頻進行「盤點」。但遺憾的是，我們通常等到大事發生了，才會全面認真看待自己的生活。這件大事有時候可能是中年的重要生日，或是比較悲慘的，在失去某人之後。無論原因是什麼，都會讓我們跳脫原本狹隘、主觀的觀點，採取必要的措施，好讓自己回到正軌。但是這條「正軌」也可能隨著時間慢慢偏離，所以如果我們不經常環顧四周，就不會發現自己已經離要去的地方很遠。我們每一次答應某件事情時，留給可能更在意的事情的時間就越少。檢視一下你的時間安排表，看看是否能夠更精簡？

我的意思是——以大局為重，就從今天開始！別擔心，今天還不需要重新檢視你的整個人生。進行壓力研究時，我們會檢視人們生活中的重大事件，以及會增加壓力的一般情況，像是工作上的低掌控權或過度的責任分擔。此外也需要檢視能夠降低壓力的因素，像是樂觀的看法或感受到強烈的人生目標。我們也會關注奠定健康基石的日常習慣，日常生活的影響也會隨著時間累積並擴大。習慣、日常生活以及每天的行程安排，是一個人的生活總和。嘴巴說下個月會讓自己不要這麼累很容易，但請盡量不要把時間拖得太久。如同作家安妮・迪勒（Annie Dillard）所闡述：「我們度過的每一天，當然就是我們如何度過的一生。每個小時所做的事，就是當下正在做的事。」[10]

為了確認刪除某件（或某些）事是否可以消除壓力，你可能需要檢視今日和未來一週的行程和事務，然後問自己：「我現在所做的每一件事，是否和我覺得最重要的事一致？」這個問題能幫助你清楚地明白什麼必須保留（即使會有壓力），什麼可以刪除。

## 什麼最重要？

「預知死亡」是最能幫助你決定什麼可以放下、什麼應該投注精力的最有效方法。

瑪蒂卡．霍爾（Martica Hall）是我的朋友和同事，她被診斷出罹患癌症末期。瑪蒂卡最近聚集了所有在她生活與職業生涯中的重要人士——朋友、研究夥伴及以前的學生，並準備透過電話向大家道別。當時的她已經在安寧照護階段，也被告知可能即將走到生命的盡頭。我們每個人都很震驚，但也竭力接受這個突如其來的消息。我當時其實很緊張，不過等到大家開始通話後，我的焦慮很快就消散。當我們分享彼此的回憶和瑪蒂卡對我們個人的影響，同時對她表達感激之情時，這個聚會變成了一個充滿歡笑和喜悅的時刻。但最令我訝異的，是瑪蒂卡所說的話顯露出她的一生正是人們所渴望的——沒有任何後悔的充實生活。

「我不後悔將自己的一生投入在研究上。」瑪蒂卡說：「我的工作對我來說非常重要，我希望學生回顧我這一生時，能發現『即使在很短的時間裡，也能做一些有意義的事』。我對這段人生非常滿意。」

瑪蒂卡和每個人一樣，每天都要面臨許多挑戰，兼顧家庭與工作，在熱情所在和生活義務中拉鋸。但最後，當她回過頭審視人生，發現自己已經竭盡所能地付出所有熱情，也實踐了個人的價值觀。我希望我也能說出同樣的話。

我最近聽到一個令人驚喜的消息，瑪蒂卡的醫生嘗試使用一些新藥，她的病情也進步很多了。不過瑪蒂卡仍然得持續面對許多問題，每一天也需要隨著狀況做改變和調整。瑪蒂卡那天邀請大家一起參與她的人生旅程時，同時也給了我們一份慷慨的禮物，溫和地促使每個人審視自己的生活，並從「大局」的觀點自問：「我正在過最好的生活嗎？我想要把心力投注在什麼地方？什麼是我可以放棄的？」

我之前提到隨著年齡增長，我們會有更正念的覺察，社交關係也會變得更正向。但是這和年齡無關，而是和時間的感知有關。當我們體認到生命即將越來越短時，越會將人生轉向更具情感意義的目標，包括幫助別人。[11] 換句話說，當我們體認到自己在這個世界上的時間越來越短，就會把時間花在真正有意義的事情上。這是一種心靈上的迫切感，是我們可以放進救難包的禮物。擁有心靈上的迫切感能為你帶來一種自由，引導你朝著更有意義的目標邁進，彷彿現在就是生命中的最後一年那樣過生活。

**那些最重要的事**

如果你的生命只剩下一年，你希望和誰一起度過？

你最想要和誰在一起？

你理想中的一天會是什麼樣子？

這些問題能幫助我們確認自己最珍惜的是什麼，藉此找出優先事項，然後和日常生活相互協調，並在可能的情況下擺脫不相符的項目。

之前我曾請大家列出壓力源清單，上面或許也包括在你生活中增添壓力的人。現在，請聚焦在那些豐富你生命的人上——誰讓你感到快樂、被愛、更有價值？想想所有為你的生活帶來色彩的人，思考如何為他們騰出更多時間，或許就從試著更常跟他們見面或交談開始。

我們也許沒辦法控制自己能活多久，但是我們能夠「調整」生活步調，讓每一天都宛如自己的最後一年，這樣就能活出我們的價值觀以及掌握人生的優先順序。而過著有意義和目標的生活，正是緩解壓力最好的方法之一。我們也將在之後討論這個議題。

當然其中有些事情可能沒辦法調整，畢竟生活中有許多我們無法逃避的義務和責任，像是工作上的任務或家人的照護，面對這些無法改變的事情時，我們該如何是好？

## 無法改變的事

讓我們回到珍妮的故事。她的處境特別受到不確定性的考驗（母親無法預知的醫療狀況，以及珍妮自己不確定的職業前景），所有的事情發生得如此突然，因此她自然想要擁有某種能夠掌控狀況的力量。珍妮有時會熬夜閱讀有關中風後神經可塑性的醫學期刊，她覺得只要找到正確訊息，就可以讓時光倒流，讓母親恢復到以前的樣子。然而與此同時，她也讓自己確實能夠掌控的事（例如她的工作表現）從指間溜走。

人們花費大量的心神想要解決超乎自己能力範圍的問題，我們的痛苦來自於自認應該有可能和真正有可能之間的落差。我們無法掌控其他人，無法控制另一個人的腦血管是否突然收縮，更無法改變過去發生的事。辯證行為治療為那些受到極端情緒和反覆思考（一遍又一遍重複回想已經發生的情況或想法）困擾的人提供的解方之一，就是簡單地提醒自己：「這件事已經發生了，真實情況就是這樣。」[12]在接受一些引導後，珍妮開始說服自己接受母親的病情：「事情就是這樣，這就是現實的狀況。」雖然珍妮偶爾還是會覺得感傷，但是也平靜了許多，心情的混亂和疲憊感也減輕了。

珍妮能夠做出這樣的心態轉變，讓我覺得很欣慰。我們在針對照護人員所進行的多項研究中發現，加速細胞老化的原因並不是照護本身，而是希望事實的情況能有所不同的心態。護理人員比一般人更常抗拒當下，我們稱之為「負面心神漫遊」（negative mind wandering）——希望自己在另一個地方或做其他不同的事情。[13]這樣的想法基本上就會降低幸福感，我們也發現這些想法還會影響老化，並與端粒變短有關。[14]

難道我們應該被動地接受生命中的每一次逆境嗎？不，我不會建議大家這麼做！我的意思是你可以試著改善現況，但是不要堅持抵抗你永遠不能真正改變的因素。就像無論珍妮怎麼在網路上搜尋，都無法改變母親的病情，也沒辦法確定母親獨自在家時能百分之百絕對安全，她能做的是請母親戴上醫療警示項鍊。珍妮的母親一開始很不高興，但是後來珍妮找到一條形狀像一朵花的玫瑰金項鍊，珍妮覺得這條項鍊就像是上天賜給她的禮物。她對母親說：「我需要專心工作，如果妳能戴上這條項鍊，我就不用時時擔心妳，這會對我很有幫助。」珍妮的母親戴上了項鍊。

不久之後，珍妮搬到附近，有了自己的住處。因為有更多心力可以投入工作，她的工作狀況也很快就好轉。只是有時候還是很難不去糾結，冀望事情能有所不同。珍妮確實發現自己時不時想著「要是……」，「要是我早點注意到那些症狀就好了、要是醫生早點診斷出來就好了」。不過她大多時候都能覺察到自己又陷入糾結，然後趕緊讓自己跳脫出來。

當我發現自己試圖改變超出控制範圍的事時，我會讓自己先停下來，想像自己正在拉一根繩子，而這根繩子被綁在一個無法移動的東西上，例如：一塊大岩石。我正用盡全身所有的力氣去做一件無法做到的事，那塊大石頭永遠不可能移動。我平靜地問自己：「我能夠拋開繩子，就讓一切順其自然嗎？」[15]有時候狀況特別棘手，也很難輕易放下，這時候就需要特別提醒自己「放下繩子」並接受原本的現況。接下來，我們將進行這部分的練習。

## 接受痛苦，與它共處

當情況無法控制時，我們仍然可以掌控自己如何應對。許多人會借重正念冥想的方式來幫助自己，這個方式非常注重於接受自我的想法和感受。研究學者在一項調查中比較兩種正念課程的效應，兩者都是透過每日的簡短冥想來引導學員。[16]第一組使用的 App 應用程式偏向引導學員集中注意力，同時意識到自己的注意力，這個方式以專注呼吸為導引，若意識到注意力偏離，再將其拉回到呼吸上（許多研究證實這項練習有助於集中注意力，尤其是意識上的「覺察」，幫助你發現自己是否開始分心或鑽牛角尖）。第二組利用不同的 App 應用程式，其中增加了接受個人狀態的部分——除了覺察想法和感受之外，還要真誠地接受，特別是我們通常不願意面對的負面經歷。兩組在注意力的部分皆有助益，但是唯有第二組（接受組）的壓力反應能力也得到改善，這是我們用健康的方式和正面情緒應對面臨的事件，並從中恢復的能力。[17]所以，「接受」才是真正能夠凝聚抗壓力的關鍵。

大多數人都知道，如果遇到了驚濤駭浪，最好的脫身之計是「不要奮力抵抗」，不做無意義的掙扎，否則只會讓自己筋疲力竭，被浪沖到離岸邊更遠的地方。因為大浪的力量實在太強大，我們根本不是對手，不被淹沒的唯一方法就是隨波逐流，看看它會把你帶到哪裡。或許你可以用不同的方式利用這個狀況，透過不同的方法與負面情緒一起成長。

基本上來說，「全然接受」指的是接受可怕或令人痛苦的事情發生，是一種接受現實的心境，也比其他的心境更好，像是逃避、拒絕面對現實、抗拒或覺得自己是受害者（為什麼是我？）。全然接受的心境不但可以降低因事件帶來的羞恥感、愧疚、哀傷和憤怒，對情緒過度波動、創傷後壓力症候群和患有慢性疼痛的人也會有幫助。[18]全然接受的心境幫助珍妮接受母親的狀況以及成為照護者的新生活。

生活中發生或即將發生在我們身上的事，有很多都不是我們希望或想要的，這些事情大部分是無法控制的事件或狀況，不但帶來極大的失望和痛苦，也需要我們花大量時間來處理和調適。然而這也是增進力量和韌性的機會，即使我們原本並無此意。這些人生的低潮是我們成長的基礎，當你別無選擇時，就會發現自己擁有未知的能力和力量，為了激發這股力量，我們需要接受當下，並管理被激起的情緒及期待。接下來，我們將開始進行全然接受的練習（請記住，這通常不是一朝一夕或一次就能成功，而是一個需要反覆練習的過程）。一旦感到某種情況帶來痛苦，我

們可以轉換心態，試著全然接受當下的情況，也接受自我的情緒反應，

並不是所有事情都能夠清楚分成「我能控制的」和「我不能控制的」，其中有很多程度上的差異和灰色地帶，所以我們必須將自我的認知和情緒量能放在適當之處，評估何時力拚一搏，何時又該隨波而上。

我們在〈第一天〉的章節中，討論到如何辨識由生活上的不確定性引起的無意識緊張狀態，並學習如何消除它。我們練習了「收和放」的技巧，訓練自己覺察到承受不確定壓力的片刻，並釋放這股壓力。現在，我們要更進一步向外發展，覺察生活中讓我們處於壓力狀態的特定狀況。

## 今日練習題：掌控你能控制的……其他的通通放下

### 救難包小技巧：適時放下不再有所幫助的

#### 盤點時間

請拿出我們在七十七頁進行的壓力盤點清單，當中列出了生活中讓你承受到壓力的情況。假設你已經按照指示列出了清單——太棒了！你可以立刻進行下一個步驟。如果你還沒做這件事，請翻到第七十七頁，現在就把清單列出來。無論是小事或大事，請通通列下來，越具體越好。若牽涉到相對重大的問題（像是工作、養育子女的挑戰、人際關係問題等等），盡量寫下真正讓你感到壓力的特定情形。

#### 想盡辦法消除壓力

請瀏覽你的清單，刪除那些你可以逃離或停止的事項。例如：哪些是你根本沒時間去做的？或是會造成太多紛爭或不和？或是能夠放棄或可以找其他人代理？然後想像少掉特定壓力源的生活。

如果一下子找不到可以刪除的項目，請回答以下的問題：假使你「被迫」一定要放棄其中一件事，會是哪一個？哪（幾）件事是你放棄了也能夠照常生活的？你會有什麼損失嗎？放棄那件事最糟的後果是什麼？放棄的負面後果和繼續保留的結果相比會是什麼？（請見本章前段的「我能按下刪除鍵嗎」一部分）大多數人都覺得自己一天的時間不夠用，所以減少一些事務、簡化我們的生活，並專注在優先事項上，不僅能夠減輕壓力，也可以騰出更多輕鬆多餘的時間，添加能為你帶來快樂和意義的事情。

你準備好要試試看了嗎？

如果你誠實地回答「還沒」也不要緊，我們將在書末的〈更新解方〉章節中再次討論此議題。

不過如果可以的話，「今天」就放棄點什麼吧！看看少做一件事（即使是芝麻小事）會有什麼不一樣。

## 建立你的影響範圍——控制圈

現在請瀏覽你手上的清單，圈出你認為自己可以影響或改善的情況，這就是你必須集中心力的地方。接著請在圈起來的每一個項目旁邊，寫下你可以開始做的一件小事來改善這個情況。例如你覺得每天早上匆匆忙忙趕上班壓力很大，這也是大家在一天裡最常感到壓力的時間點之一，在這樣的情況下，你或許可以考慮調整睡眠或起床的時間，或在前一天晚上先決定隔天要穿的服裝、餐點和行程安排。對於某些無法單方面改變的事情（經濟負擔、養育子女、工作），不妨先試著主動提出討論，再從小地方開始進行改變。工作壓力也是一般人會遇到的問題，可以分為可以控制和無法控制兩項。職場上是否有哪位主管對你不好？遇到的難關是否值得解決（也許可以和朋友一起試試看）？在極端的狀況下，想要改變令人不快的工作環境可能意謂著你需要換個不同的工作。

## 認知你需要接受什麼

請再看一遍你的清單，在你擁有零（或微乎其微）控制力的情況或壓力源上畫一個方框。例如：親人的病痛或成癮症、無法推卻的專案、可能因為極端氣候被迫好幾天或一個星期都待在家裡，或是意外事件。

## 換個方式思考

針對每一個壓力源進行反思——在這個狀況下有什麼可以降低無力感，而且是自己可以掌控的？例如：珍妮無法控制母親可能會再一次跌倒，但是她可以替母親買一條醫療警示項鍊。就像我不可能控制住家附近會不會再次發生火災（這是時間早晚的問題），但我現在已經準備了好幾臺空氣清淨機（和一個急救包）。大多數的狀況並非完全無法預期，只要我們提前做好一些準備，就更能夠從容應對。倘若你能事先完成一件簡單的前置工作，就能在之後擁有手握方向盤的掌控權（不過你得接受之後的路況還是無法掌控的事實），請把這件工作列入你這星期的待辦事項清單中。

## 給自己一個抱抱

在面對那些完全無法改變的事時，你需要採取不同的方法——接受並自我疼惜。對於無法改變的情況，你可以做的一件事，就是承認這樣的結果讓自己很難受，然後承接你的感受，而不是抗拒或逃離。你能覺察任何難過的感受（例如：悲傷、逃避、憤怒、後悔），並讓它自然流露嗎？這些感受不但真實，也是一種自然反應。倘若你的摯友發生了同樣的狀況，你會如何安慰他？你能用相同的善意安慰和對待自己嗎？

最後，讓我們一起拋開沉重的包袱！想像每一個你圈起來的框框是一個個裝滿磚頭的手提箱，你需要隨身帶著這些手提箱，它們不會消失。但是你不需要一直提在手上，可以偶爾暫時放下。痛苦的事情特別令人感到沉重，請檢查一下你的手提箱裡有沒有任何磚塊是讓你痛苦的事。如果有幫助的話，請在那些超出你控制之外的壓力源框框上，畫一個小手把。現在，請你在繼續這一天之前，想像自己把這些放滿磚頭的手提箱放在一個安全的地方，只是暫時放一會兒。不要去想現實面，也不要去想這樣做了以後是不是真的能擺脫問題——因為它會再出現。不過如果你時時刻刻都一直承受著這個壓力，必定會筋疲力盡，你的健康也會受到影響。而且假使中間又出現其他的挑戰，你的應對能力也必然會減弱。現在就放下你的包袱吧！不需要整天扛著這些磚頭！

## 特別練習題

對於那些無法改變的難題，建議你可以練習以全然接受的心態來處理。也就是完全接受整個狀況，包含你的思緒和你的身心。這很難做到，所以需要一遍又一遍地練習，直到能夠做到為止。唯有停止忽視、抗拒或試圖改變現實時，我們才能真正感受到平靜，以及生理上所帶來的好處。接受不代表你認同，而是選擇不去與其對抗，免得讓自己更加痛苦。

你可以試試以下這個全然接受的練習：

**想像一個曾經讓你深受困擾或無法改變的狀況，這個狀況讓你很難接受。**

1. 請閉上眼睛，專注呼吸。
2. 覺察針對此狀況可能出現的痛苦想法，例如：這樣不公平、我不能忍受，或是為什麼會發生在我身上？

3. 藉由接受和確定的敘述來面對痛苦的想法，例如：事情就是這樣、現實就是如此，或是事情就是現在這樣。
4. 允許並接受傷心、難過或失望的情緒，注意身體的感覺。
5. 把你的雙手放在胸口，懷著善待的心情讓溫暖和慈悲的感覺遍布全身。緩慢地深呼吸之後，提醒自己：「我現在可以輕輕地放下這個包袱。」重複這句話直到你覺得輕鬆一點。

## 找出問題來

我們有時候很難說出讓自己感到壓力的具體事項，因為我們的壓力來源可能很模糊、不確定或難以解釋，甚至完全偏離事實。我們認為是某件事（堆滿水槽的盤子）導致自己壓力飆升，但實際上完全是另一件事（一段關係的緊張、財務問題、職場的不快等等），也有可能是另外十件小事。倘若你在填寫壓力盤點事項時遇到困難，請試試以下這個幫助你找出憂慮的練習。這個練習能幫助過度擔心的人，將擔憂設定在一個有效期限內。

### 擔心時間

請準備幾張紙和可以書寫的工具、一臺電腦或是可以打字的平板或手機，錄音筆也可以，然後設定五分鐘的時間。當按下開始鍵後，你要做的只有一件事：擔心。

現在的你正在設立一個擔心時間。

當我們開始擔心尚未發生的事（很多根本不會發生），就會消耗大腦的認知容量。所以，接下來請花五分鐘的時間，讓你的大腦自由地擔心你想擔心的任何事情，讓它盡情地「製造」災難。不要顧慮什麼，把擔心的事項通通寫下來。不管是大大的擔心還是有點擔心，都把它寫在紙上，這樣你就能夠更客觀地看待它，明確明白到底是什麼事，然後決定是否需要更擔心。你可以檢視這個擔心背後是什麼狀況，如果一時之間無法確認焦慮的來源，請描述這股焦慮的感覺——大小、型態、溫度、顏色，這些都能幫助你找出答案。

你可能會發現其中的許多擔憂實際上只是自己無法容忍不確定性，或是幾乎不太可能發生的事，如同我們在〈第一天〉章節中討論過的。請想像這些不太可能發生的狀況飛出了窗外，然後把心力專注在留在窗內的巨大壓力狀況——找出哪些是你可以改變的，哪些不能。

事實證明，設定一個擔心時間能減少這一天剩餘時間裡的擔心次數，說不定你會有一種「我已經擔心過了」的想法。把擔心的事寫在紙上也能讓你不必一直在腦袋裡反覆思來想去，因為你都已經想好了。請在手機裡設定差不多的時間點，提醒你隔天以同樣的方式來處理你的擔心。如果晚一點後，擔心又突然冒出來，請提醒自己明天已經預留了擔心時間，在明天的那個時間裡再去擔心。倘若你經常不確定是什麼帶來壓力，或者心裡隱約有一種不確定感的壓力，設立擔心時間會是一個很好的習慣。

**兩個人的擔心時間**

如果你面臨的壓力狀況牽涉到家人或同居的伴侶，就需要設立兩個人的擔心時間。和同住的人發生衝突時，「家」可能就會成為充滿壓力的地方。

因為家是睡覺和吃飯的地方，所以想辦法把衝突放在一個你們可以共同掌控的空間，就變得非常重要。設定一個一起討論和思考衝突的時間，建議留下十五分鐘進行讓大腦盡情製造災難的討論。請記住，真正站在對方的立場並接受對方的觀點與感受會有很大的幫助，而且和平往往比自己是對的還要好。我和伴侶一直在處理一個持續存在但似乎無解的情況，我們抱持著不同的看法，即使兩人經過諮商也沒有任何改善。所以我們決定每個星期約好一個時間，真正地互相傾聽，分享各自的想法，並討論下一步該怎麼做，設定的時間到了之後，就結束對話。然後盡量在下週的「下午茶時間」之前，不再提起這件事。

第三天

# 成為一隻獅子

請在腦海中想像一隻獅子獵捕一隻瞪羚的畫面，獅子無情地在炎熱大草原上追逐，受到驚嚇的瞪羚處於「戰或逃」的狀態，拚命地為自己的生死奔跑。獅子興奮地追趕，期待著自己一步步逼近的晚餐。在此狀況下，哪一隻動物正在承受壓力？獅子還是瞪羚？

答案：兩者皆是。

獅子和瞪羚的神經系統都處於高度活躍狀態，並經歷無法控制的生理變化。不過兩者所經歷的壓力激發方式大大不同。瞪羚被威脅反應挾持而充滿了恐懼，牠的腎上腺素激增，血管為了防止失血過多而變窄（血管收縮），血液也因此變得不太流通。由於生理上的能量被導引到四肢，輸送到大腦的氧氣減少，牠的身體此刻化為一部機器，運作的目的只有一個——逃離掠食者。在此同時，獅子正做出挑戰回應，牠的心臟有效率地輸出大量血液，幫助牠以最快的速度衝刺並期待即將到嘴的食物。牠在動力的驅使下專注狂奔，彷彿有用不完的體力。

雖然這是兩種截然不同的生理跡象，但承受的壓力卻是一樣的。唯一的差異在於兩者回應壓力的反應——牠們如何看待壓力、從而如何在身心上感受壓力。那麼獅子和瞪羚的壓力到底有什麼差別？瞪羚感受到了威脅，牠的生命懸於一線；獅子則感受到了挑戰，攸關牠是否能飽餐一頓。

我當然不是指瞪羚在現實生活中可以改變牠看待壓力的方式，畢竟牠可得保命要緊！不過這個動物世界的活生生例子，可以讓我們從中得到一些啟示。大多數人應該不會經歷被獅子追著跑的情況，但是我們的身體卻表現得像需要逃命一樣。很多時候面臨突然出現壓力源的反應，就好像它是一個需要奮力一搏或是趕緊逃離的生命威脅，而不是日常都會遇到的問題。我們的身體立刻進入「戰或逃」模式，血液中的皮質醇和腎上腺素迅速衝高，使得神經系統進入恐懼和警戒狀態。如果每一個壓力或意外事件發生時，體內的生理機制都出現這樣的反應（無論是全面性或半全面性），久而久之我們的身體會不懂得如何從壓力中「冷靜」下來。

## 你是獅子還是瞪羚？

每個人面對壓力的反應不盡相同，為什麼有些人每天猶如生活在壓力鍋裡，一遇點小事就反應過度？另外有些人卻像擁有防護罩一樣，有什麼大事或威脅都能把它們反彈？

進行壓力研究代表我們需要深入探索人類大腦的運作方式，另一方面也必須將個人的獨特性納入考量。每個人都有高度的自我意識，我們也都透過這個意識的觀點來看待世界，這個意識觀點不但受到遺傳基因和生活經驗的影響，也會因為日常的微小變化，像是前一天的睡眠時數和飲食而產生改變。事情發生時，我們都以自己的「心智濾網」來感受。[1]

為什麼每個人對類似事件的反應可能出現差異？這是因為我們的大腦持續不斷地處理感官從身體和環境接收的訊息，並將這些訊息和過去的記憶進行比對，以利做出最好的預測。人類的大腦是一部預測機，它以個人過去的經驗作為數據，即使是童年經歷也會影響我們對細微小事的反應。經歷過童年逆境的人，通常會保持黃色精神狀態的思考習慣，無論是否真的發生了壓力事件，他們的日常壓力都很緊繃，對於壓力事件的威脅感受也特別強烈，只要稍微施壓，就能將他們推向災難性的紅色精神狀態壓力反應。

我們的大腦偏向「預測腦」多過「現實腦」，意思是我們可能會對大腦所預測或相信會發生的事情做出反應，而不是對正在發生的事情，如同法國思想家米歇爾・德・蒙田（Michel de Montaigne）所言：「我的人生中有很多可怕的事情，但大多數都不曾發生。」有一種方法可以稍微矯正我們的預測腦。

加州大學舊金山分校的史黛芬尼．梅爾（Stefanie Mayer）博士發現，童年經歷過創傷的人在預測日常壓力源時，通常會放大威脅事件的嚴重程度，甚至導致之後的憂鬱症。[2]在後續的相似群體研究中，梅爾博士分別在白天打電話給參與研究調查的人，邀請他們進行短暫的正念覺察，感知自己的想法、感受和自我的同理與關懷。她發現經過短時間的專注覺察之後，每個人對於威脅事件的看法有了改變，他們覺得自己更能夠積極面對日常發生的事件，並且有更正向的情緒反應。[3]換句話說，只要能夠改變看待日常壓力源的方式，就可以降低威脅感，也就能改變之後的壓力反應，讓我們覺得自己更像一頭獅子，而不是慌亂奔逃的瞪羚。

## 跳脫瞪羚模式

史提夫的整個職業生涯都奉獻給了柯達公司，他負責處理公司的主要客戶，包括目標百貨（Target）和沃爾瑪（Walmart）等大型零售商。然而數位化的崛起讓底片產業跌到谷底，即使已經歷經一段時日的轉型，但直到二〇〇八年股市崩盤之後，許多底片公司才開始正式進行大規模的編制縮減，試圖找機會翻身。史提夫也在這一波的裁員名單上。六十歲的他發現在這年齡想要重新發展新的職業生涯，實在很難。他透過不同管道送出去的履歷幾乎全軍覆沒，最後決定做一件一直想要做的事——競選公職。

史提夫考慮從政已有一段時間，但似乎找不到適當時機離開穩定的工作。如今，現任的市長宣布不再尋求連任，對史提夫來說彷彿正是一個放手一搏的好機會。

史提夫知道投入選戰一定會有壓力，只是不知道壓力會有那麼大！他的對手在選舉前掀起一波攻擊，甚至不惜使用骯髒的手段，而且一次又一次打壓。史提夫每次拿起當地的報紙或看臉書時，都會揣想對方是不是又有新的攻擊招式。他的精神持續緊蹦，時時觀望並保持警戒。他告訴自己選舉階段就是這樣，等選舉結束之後一切就會歸於平靜。但事情出現了轉折——史提夫當選了！

原以為只是「幾個月」的事，變成了四年的任期。如今所有的壓力源全部化身為市民的各種抱怨和問題，一一出現在史提夫的辦公室門口。辦公室裡的電話整天響個不停，緊急狀況、預算問題，只要史提夫一犯錯，各方的批評立刻蜂擁而至。

如果史提夫無法即刻回答選民提出的問題，他就會感到一陣恐慌，慌亂地想要趕快想辦法回應。史提夫也常陷入瓶頸，常常糾結自己應該以不同的方式來解決事情，他甚至開始擔心，或許自己根本不適任這份工作。

如果這時辦公室出現一位專業醫療人員，並檢查史提夫的生命跡象，應該會發現他呼吸短淺、心率加快、血液中的皮質醇濃度比平常還高。如果四年任期天天都如此，那後果可真是不堪設想。史提夫很清楚這一點，只是不知道該怎麼做。

若是放任慢性壓力持續累積，就會導致端粒的磨損並加速細胞老化，還會讓我們提早進入「衰老疾病期」——生命中開始因衰老而罹患疾病的時期。慢性壓力會改變我們的行為和飲食習慣，驅使我們選擇療癒食物（高糖、高脂），因為我們的身體認為必須為了生存囤積資源，便減緩新陳代謝，並在腹部囤積脂肪。過高的壓力基準線讓我們睡不好覺，總是感到精神不濟；過高的壓力基準線使得「壓力大腦」渴望愉悅和放鬆，讓高熱量食物變成一種獎勵，從而導致胰島素抗性（insulin resistance）、發炎和肥胖症狀。

此外，我們的身體還有一種急性壓力反應，這是人類的驚奇能力，能在瞬間壓力下啟動短暫的立即反應。當負面或具挑戰的事情發生，或者我們預期它即將發生時，身體就會產生這種完美、敏銳、極致的反應——血壓瞬間升高，神經系統立刻提高警覺，主要壓力賀爾蒙（皮質醇和腎上腺素）也反射性地釋放到血液中。這時，交感神經系統（戰或逃）的運作亢奮升高，副交感神經系統（休息和消化）的運作減弱，使我們得以產生具強烈爆發力的壓力反應。這股迅速、強大的生理連鎖效應，幫助我們專注於危險的事物，擁有更多的能量並快速做出反應。敏銳的壓力反應是一項寶貴的能力，我們絕對不希望少了它。不過，我們也需要這股敏銳的壓力反應在壓力結束時，能夠「及時結束」。

讓我們先宣布幾個好消息：其實前兩個章節所做的練習技巧，都有助於壓力反應的調節。倘若我們能夠預期意外狀況，並對任何可能性抱持開放和彈性的心態，就可以免於意外事件帶來的慌亂，也就不會出現瞪羚本能的亂竄反應。而當我們清楚地知道哪些是自己能控制的、哪些不能，就不太可能再花時間為無法預期的事情做計畫。以上這兩種心法都能幫助我們趨向更健康、更平衡的壓力體驗。但接下來還有一個關鍵能力——將日常生活的壓力事件視為挑戰，只是這說來容易，實際上卻很難做到。

瞭解「應該」將生活中突如其來的不安或壓力情況視為挑戰而非威脅是一回

事，但是在事情發生的當下能不能轉念，則是另外一回事。不過，我們可以藉由幾個思考策略來做到。首先是將壓力反應視為一項能力，幫助我們不受壓力的威脅。

## 壓力就是力量

為了研究「威脅壓力」和「挑戰壓力」之間的差異，我的同儕溫蒂．曼德斯（Wendy Mendes）透過實驗室的設計，操控參與實驗者的壓力反應。她提供一個讓參與者能夠應對並擁有掌控權的情況，同時提供另一個讓參與者感到不安的新狀況，以導引出情緒上和生理上的威脅反應。曼德斯發現，當人們越感覺到自己擁有掌控權和資源時（我們稱之為挑戰心態），就越能引發正向的壓力反應。在挑戰反應下，我們會感覺到更多的正向情緒，心臟也輸送出更多的血量（心輸出量），而非威脅反應下的血管收縮（導致血管變窄）。面對壓力源的心態也和端粒有關，「威脅壓力」會削減端粒的長度，而我們現在都知道，端粒和長壽與活力息息相關。[4]

許多人認為壓力反應本身就是一種威脅，然而科學研究告訴我們，若能透過一些練習，就能夠巧妙運用自己的壓力反應。所以只要教導人們將壓力反應當作一種力量，就能夠產生挑戰心態，生理上也能產生更好的調適。[5]想要做到很簡單，只要告訴自己——壓力反應是我們的助力。

在一項經典研究中，曼德斯和她的研究同儕引導學生們，將壓力反應視為能幫助他們在重要考試上贏得好成績的狀態，結果學生的表現真的提升了！[6]這與考試焦慮症狀的結果恰好相反。史丹佛大學的研究學者阿莉雅・克拉姆（Alia Crum）博士開發了一種壓力心態測量表，幫助人們檢視自己對壓力的看法。[7]

## 你的壓力心態

你是否相信左頁圖表中的描述？請從一（一點都不相信）到十（非常相信）的程度來給分。請針對壓力事件來思考，不考慮慢性有害壓力。

克拉姆博士發現，壓力心態其實具有可塑性。如果你向大家提出壓力帶來有害影響的相關訊息，他們之後的表現會更糟；但是如果你告訴大家壓力的好處，他們往往會做得更好。當我們聚焦在壓力的好處時，壓力帶來的壓力感會減少，我們的注意力會放在正向的訊號，而不是威脅性的訊息，也就會更有自信地面對狀況，而

| 壓力是有害的 | 評分（1～10） | 壓力是有幫助的 | 評分（1～10） |
|---|---|---|---|
| 我們應該完全避免壓力 | | 我們應該尋求壓力並運用它 | |
| 壓力影響我的學習和成長 | | 壓力提升我的學習和成長 | |
| 壓力影響我的健康和活力 | | 壓力促進我的健康和活力 | |
| 總分 | | 總分 | |

不是選擇迴避。道理就是這麼簡單！有了正向的壓力信念，人們對工作更投入、擁有更正向的情緒、生理上的反應也比較少。所以——你怎麼告訴自己很重要！如果你在壓力心態測量表上的有害部分得分很高，你可能需要多專注在壓力的好處上，並在處理棘手的情況時提醒自己壓力的好處。

首先，也是最重要的：當你感覺到壓力反應出現時（一陣驚慌、心跳加速、掌心冒汗、突然亢奮或不安），請記住，在困難狀況下引發的壓力反應是一種能量的生成，而不是弱者的表現。你可以這麼想：在艱困時尋求支持是一種力量（我們在疫情期間常聽到這句話），這些反應是你的身體為了更強大，所以才在那個壓力下尋求需要的幫助。

對史提夫來說，這個轉念對他的幫助極大，當他開始將壓力反應當成幫助自己應對新角色的挑戰後，面對高壓時就不再覺得想要避而遠之，反而能夠歡迎它的到來（來吧！讓我充滿戰鬥力！），之後恢復得也很快。

我們的身體天生就可以迅速地從壓力中恢復，人類的神經系統在幾分鐘之內就能回復到基準線，大多數的賀爾蒙系統也能在半小時內恢復到正常標準（為了傷口癒合所需，發炎細胞激素停留的時間會比較長）。從急性壓力中迅速恢復是壓力反應的健康黃金準則，你也已經具備了這種能力——只要擺脫自我設限，讓你的身體照著它的設定去做就可以了。此外，我們的身體在歷經「挑戰」壓力經驗之後，會比「威脅」壓力經驗更容易及時、健康地「冷靜」下來。

威脅經驗會在生理和心理留下陰影，我們也會因此不斷反覆思索並在腦海中回想。但挑戰經驗不一樣，它就像攀登一座山，我們到達巔峰後，會再從另一邊緩緩下山。我希望大家能在接下來的這一週裡，牢記以下兩點：

**我的壓力反應是一種資產，幫助我面對挑戰。**

**我能夠從壓力中迅速恢復，因為我的身體本來就做得到。**

瞭解人類的生理機制——壓力不一定都不健康或需要避免，你的自然壓力反應也不是「錯」的，而是從威脅反應轉向挑戰反應的關鍵基礎。以史提夫的例子來說，這個想法幫助他減少質疑自己經歷的壓力及反應方式。當他理解了壓力的作用後，不但自我批評減少了，也更能夠接受現狀。然而他還有很多需要顧及的地方，雖然身體有很強韌的壓力恢復能力，選舉期間的幾個月高壓生活不至於對任何人造成無法挽回的傷害，但是四年或更長的任期就令人擔憂了。市長這份工作帶來的壓力在短時間之內不會消失，因此為了他的工作，也為了他的健康，史提夫需要學會不同的壓力回應方式。那麼，該怎麼進行壓力回應的轉換呢？

## 把威脅從壓力中剔除

史提夫面臨的挑戰中，有很大一部分和他新上任、對工作不熟悉有關。面對未知的事物感到退縮並陷入威脅反應模式，是任何人都可能遇到的狀況。令人失望的工作結果、為人父母的日子裡不怎麼美好的片刻、和對你來說非常重要的人發生爭吵……所有的這些和其他更多事情都可能讓我們覺得自己很失敗，或覺得自己逐漸崩壞。

所以，轉念的第一步，就是明白失敗是成功的一部分。或許表面上看起來更簡單的選擇是避免面對不熟悉的局面、降低風險和避開痛苦的事物。然而無論任何時候，如果你想追求值得追求的東西——在科學研究上占有一席之地、成為政治新星、嘗試創業、成為新手父母等等，在這段嶄新的旅途上，失誤在所難免，而且會是家常便飯。犯錯不是特例，它是成長的必經路程，所以請將失敗視為正常狀況，不是災難，也不是單純的個人問題。我們都知道，承擔風險的人才會是成功的人，他們全心投入，讓自己置身在風險之中，經歷無數次的失敗。但真正的失敗，是放棄需要堅持的事。倘若明白了錯誤和失敗只是實現目標之前的一小段旅程，就能有助於減少威脅反應，引發更多的挑戰反應。

威脅壓力的想法：

如果我失敗了，表示我根本不是這塊料。

轉念：

如果我失敗了，表示我在挑戰自己。

史提夫瞭解到，在從政這條路上，失敗是常態而不是例外（無論從商、從事藝術或科學研究等等，都是如此）。他採取的行政措施不見得都會有進展，其他政營的反對、預算限制、公民投票的結果等等，都將是決定實際結果的因素之一。而史提夫每一次的成功，都會經歷十倍的失敗，想要成為一位領導有方的市長，就必須經歷這一段過程，因為所有的失敗都意味著他正朝著值得的方向努力。而擁有轉念的能力讓史提夫不再受到失敗的威脅，壓力對他來說比較像一種動力和激勵，不再是一個重擔，當然也不再那麼令他感到壓迫。

威脅壓力的想法：

我永遠都不可能做得到！

轉念：

我有能力解決這件事。

如果我力有未逮，可以尋求幫助。

你對自己的表現不滿，因而感到極度痛苦的原因之一，是你的自我對話正以和挑戰心態完全相反的話語對你說：「你不夠好、你不夠有資格、你不屬於這裡、你還達不到標準。」嚴重的話甚至可能導致冒名頂替症候群（impostor syndrome）——怕被別人看穿自己是一個騙子。這會讓你失去方向，阻止你設立個人的職涯目標。冒名頂替症狀與低自尊、自我懷疑和缺乏自我關懷有密切的關連，使你陷於無法充分發揮實力和倦怠的風險[8]，也可能導致對失敗和成功都存有恐懼。[9]

冒名頂替症候群的微妙之處，在於無論有多少證據證明你是真的憑著自己的能力取得成功，都無法克服這種自我否定的心理，尤其在高成就者之中極為常見，甚至在高職業地位中也是如此。大約有百分之三十或更高比例的醫學系學生、外科醫生和主治醫師都患有此症候群。[10]

冒名頂替症候群助長了威脅心態，讓我們感覺一切都可能只是曇花一現，只是運氣好而已。當你滿腦子都在質疑自己的能力不夠、經驗不夠、不足以成功，你怎麼可能覺得自己像一頭獅子！

自我對話是一個簡單卻效果強大的工具，而且可以隨時帶在身邊。自我對話可能加重壓力，但也能夠帶我們直接進入平靜狀態。

大多數人都曾有過「我不配、我沒資格在這裡、我還沒達到應有的水準」的想法，不管你指的是工作、學業還是個人成就，這類的自我對話聽起來都很雷同。想要抵禦這種錯誤且常見的自我破壞（self-sabotage），需要將注意力轉向你的內在指引——若你想要評斷自己，請和自己過去的表現來比較，而不是基於他人的表現或期望，也不是基於過度嚴格或完美主義的標準。

雖然史提夫是個政壇新手，但他的確具備成功擔任新職的技能和能力。他最後終於擺脫了質疑自己是個冒牌貨的自我懷疑，專注於前一項工作累積的專業知識，同時加強在新職位所缺乏的。史提夫還發揮了之前從未注意到的重要能力，使他意外適合擔任市長的角色，他善於尋求共通點、學習速度快、溝通明確，在問題解決上也極有新意。當他面對難以溝通的對話、公開辯論或其他壓力龐大的任務時，史提夫會用上這些重要的技能，同時提醒自己過去曾在其他類似的情況下成功過，也就不會那麼慌亂了。

威脅壓力的想法：

如果這次我沒辦法成功，一切就都毀了。

轉念：

我只能盡力而為，其他的非我能控制。

研究人員曾經測試一種名為「自發性自我疏離」的轉念效果。在許多研究中發現，這個方式能夠抑制面對未來壓力源的焦慮和情緒反應。[11]「自我疏離」（self-distancing）是什麼意思呢？意思是有些人對即將發生的事感覺到壓力時，會從自我中跳脫出來，以「自我疏離」取代「自我沉浸」（self-immersed）的角度來審視情況，從大局來思考，身體對於壓力源的反應也較為平靜。由此可知，如果你可以從正在處理的重要事件中「跳脫」出來，以客觀的角度謹記這件事為何重要、對誰重要，就能感受到正向的挑戰性，也比較不會受其所威脅。

想要做到健康的心理疏離，最好的方式之一，就是在個人和壓力事件之間留出一些時間。你當然不可能真的踏上時空旅行，但是你可以在腦海中進行這件事。

請在腦海中穿越時空到未來，然後問自己：「長遠來看，這件事有多重要？

一週之後對我的影響有多大？一個月之後？一年之後？或是十年之後呢？」

好笑的是，有時候我忍不住在餐桌上抱怨某件事，兒子就會學我的口吻說：

「媽，這件事在五年之後還會很重要嗎？」

這真的是個很棒的想法重置，連帶降低了當下情況的重要性。情況依然存在，只是它不會在我們的腦海或生活中占據那麼多空間。即將到來的壓力事件在我們大腦中的分量通常都被過度放大，倘若壓力源擴大到占滿你的整個心思，就是該進行檢視的時候了！人生只有這麼一次，我們必須保持健康的觀念迎接更多的挑戰，而不是威脅。

威脅壓力的想法：

壓力真的太大了！我討厭這種感覺。

轉念：

這真是令人興奮！我很珍惜這種感覺。

只要轉念就可以做到？會不會太簡單了？！不可能吧！——不要懷疑，只要告訴自己那件事沒有威脅性，反而充滿動力，就能幫助你迎來正向的壓力體驗。使用話語、重新調整陳述的方式來改變個人對壓力的看法，已在三十六項研究中進行過測試。[12]研究結果顯示，這些陳述有時候可以改善自主神經系統對壓力的反應，能明確地減輕情緒壓力。換句話說，你對壓力的看法能夠大幅度消除你的負面壓力感受，同時讓你表現得更好。

這就像是把壓力本身視為人生的提升（正向壓力心態），而將身體的壓力反應視為績效表現（掌心出汗和心跳加速是一種助力——讓身體興奮起來！）。或是認為自己有能力應對並已做好準備，而不是備受威脅。如果你能花一點時間，定期進行正念的練習，就有助於將壓力反應從威脅轉向挑戰。我們在加州大學舊金山分校進行的一項研究發現，正念的訓練能讓研究參與者在承受壓力之後，持續保有較高的正向「挑戰」情緒（像是興奮和自信感），而且心輸出量（每單位時間內左心室和右心室泵送的血液量）更大，血管收縮更少。[13]正念會影響後設認知——檢視個人想法的學習與實踐，因此更容易接受轉念的觀點。

所以，在某種程度上，我們可以塑造自己的壓力反應！你可能會在工作中感到腎上腺素的激增，不過這時候你可以選擇如何解讀身體的自然壓力反應，然後主導事情的後續發展。

直到史提夫仔細思考從威脅到挑戰的轉念方式，他才恍然大悟自己的很多威脅壓力都來自於一個大問題：他的上任目標——「讓每一個人都滿意」，根本不可能做得到。他太習慣行銷市場中的以客為尊，但管理一個城鎮完全是另一個領域。他需要從本質上重新建構「身為市長的成功」到底是什麼？史提夫決定，如果他能在四年任期內做一件事讓這個小鎮變得更好，就算是成功勝利了！

在史提夫的四年任期裡，失敗的時候終究多過成功，當然少不了要承受很多壓力。但是他已經建立起正向壓力心態，將每一次的挑戰都視為通往成功的路徑，是完成每一件事需要跨越的橋梁，這樣的心態讓史提夫面對問題時，能有全然不同的反應。整體來說，史提夫更能感受這份工作的動力和活力，不再是滿滿的壓力、攻擊和疲憊。而當他覺察到自己的心態產生偏離，距離威脅性的「紅色心態」區域太近時，就會透過這些想法上的轉念來讓自己回到正軌。

四年之後，史提夫再次當選連任（雖然他沒能讓每一個人開心）。他在第二次任期中面臨到新的抗壓任務——避免過度投入「市長」的角色，這是當我們努力想成為獅子時，最終也是最困難的心理挑戰——不要讓某個特定角色或生活的其中一個面向，決定你的自我認同和自我價值。

## 別把雞蛋全放在同一個籃子裡

如果你是一個籃球迷，一定知道克里夫蘭騎士隊的超強大前鋒凱文・洛夫（Kevin Love）。洛夫是一位成就非凡的運動員，他曾五度入選NBA全明星賽、參加過奧運，還隨著騎士隊在二〇一六年贏得NBA總冠軍。洛夫也是NBA球員之子，他的一生幾乎都因為籃球這項運動受到大眾的認可。我曾經有幸與他在Commonwealth Club（加州聯邦俱樂部）舉辦的廣播活動中進行對談，才從中得知他經歷冒名頂替症候群和「身分威脅壓力」的往事[14]，一切始於他的神經系統發出求救訊號。

洛夫在二〇一七年對上亞特蘭大老鷹隊的主場比賽中突然出現恐慌症。他在事件發生後幾個月的一篇文章中描述了比賽前夕的壓力風暴，這場風暴由家人間的關係衝突、睡眠問題以及擔心自己在賽場上的表現無法達到高度期望交織而成。[15]打從比賽一開始，洛夫就苦苦掙扎，他力不從心、氣喘吁吁，表現嚴重失常，更是屢投不中，他覺得自己的腦袋天旋地轉，最後因為心跳太快而離場，還被送到醫院進行一系列的檢查。雖然檢查的結果並無大礙，但在接下來的另一場賽事上，同樣的事情又發生了。

在恐慌症發作之後，洛夫開始接受治療，才瞭解到自己承受的巨大壓力，絕大部分來自於自我認同與職業表現之間的緊密連結。洛夫向大眾分享了自己的經歷，希望能幫助其他運動員，或自我價值受到某一特定領域表現所影響的每一個人。他的意思是，如果你自認是個「偉大的籃球運動員」，卻打了一場糟糕的比賽，一定會很崩潰，而且很難從中恢復過來。洛夫寫道：「如果我表現得不好，就會覺得自己很失敗。」

當我們覺得自己的身分認同遭受質疑時，就會進入瞪羚模式。如果你正處於瞪羚模式卻不確知原因，請花點時間問問自己：「這種情況如何讓我的自我認同受到威脅？」假若你的核心身分受到挾持，又「把所有的雞蛋都放在同一個籃子裡」，就會感到受威脅。也許你認為自己最有價值之處（或相信別人認為你最有價值的地方）是成為好父母或是很會賺錢，或者總是能在截止日期前取得絕佳成效。無論是哪一方面，你可能也會發現，在這當中遇到的阻礙和不順心，通常對你的影響更強烈也更頻繁。當「你是誰」浮上檯面時，你的「地位」就會受到質疑，你的身體也會做出猶如被攻擊時的反應。

我們的價值觀在不知不覺中受到文化訊息的影響，它讓我們以為自己必須達成目標、有所收穫，而且要有出色的表現，這樣才有價值。然而倘若結果只能有一個（在最後期限前完成工作、成功達成銷售、發表某項研究……等等），那麼當我們遇到任何挫折時，就會感到自我價值低落。這時該怎麼辦呢？

答案是多重化。

我的意思不是要你做得更多，而是記住自己已經在做的所有其他事情。我們每一個人都有很多面向，就像洛夫說的：「你的職業不能決定你是個什麼樣的人。」提醒自己，除了攸關利害關係的這件事之外，你在意的是什麼、你在生活中還扮演了什麼角色。當史提夫連任了第二任和第三任市長之後，讓他從慢性壓力循環中掙脫而出的，正是這個想法。由於很多人把史提夫和「市長」的身分連結在一起，大家感覺上是因為這個頭銜而重視和尊敬他。當史提夫也如此看待自己時，失去了這個身分對他來說可能極具殺傷力。因此每當工作上出現可能會影響未來選舉的重要挑戰時，史提夫會提醒自己除了市長之外所擁有的其他一切，以此調整心態和壓力。他是一位很棒的父親、深情的丈夫，是一個熱心參與的社區成員，也為許多董事會和志工組織做出奉獻。他是個盡責的兒子，照顧年邁父母的醫療保健和財務。史提夫的身分以及對整個世界的價值有許多面向，不應該被簡化成一個單一角色。

這裡提出的有效策略，是透過「價值的肯定」來重新定位自己的內在指標，並記住自己成就的一切。有少數人認為自我肯定（對自己做出正面評價）過於虛假且毫無意義可言，也會有點不自在。這我都理解。說到自我肯定這件事，讓我想起史都華・斯莫利（Stuart Smalley），他是著名喜劇《週六夜現場》（Saturday Night Live）單元裡的一個角色，他每個星期都會在節目中說：「我又棒又聰明，該死的，大家都愛死我了！」不過這不是我想說的那種自我肯定。科學已經證實，價值的肯定擁有非常強大的力量，寫下你的核心價值，在生活中落實這個價值觀，然後列出目前的生活方式中體現此價值觀的所有層面——這比籠統的正面說詞更有效果（抱歉了，史都華！）。當我們感覺到自己的個人誠信和自尊受到質疑時，可以透過提醒自我核心價值、告訴自己我們已經為最關心的事情做出努力，逼退籠罩而下的壓力。[16]

關於這部分的研究也有令人振奮的結果，根據研究顯示：價值的肯定有助於學業成績的提升（特別是非裔和西班牙裔學生），甚至能提高住院醫師的表現。[17]除此之外，還能夠抑制壓力賀爾蒙，像是皮質醇和兒茶酚胺。來自卡內基梅隆大學（Carnegie Mellon University）的研究學者大衛．奎斯維爾（David Creswell）博士進行了肯定的效果測試，參與研究的女性乳癌患者必須每週寫下和癌症共處的心情，持續三週之後再由研究員從內容進行自我肯定的分析。其中的肯定文句可能是「我祈禱的次數比以往還要多，祈禱一直是支撐我的力量。」而寫下比較多自我肯定內容的人，三個月之後的健康狀況會比較好。[18]奎斯維爾博士接著測試這些肯定的效果是否會出現在大腦活動中，他發現價值的肯定會啟動大腦的獎勵區域（腹內側前額葉皮質），效果就像回想性事或快樂的回憶一樣。若能透過反覆練習，學習以這種方式來思考，就能預防受到威脅反應的影響。[19]

現在就試試看！請選擇一些強大的自我價值或個人優勢（可以參考以下的清單），並認真思考這些價值觀和個人優勢為什麼對你來說很重要？你又是如何表現出來？

**我的核心價值**

選出你在生活中的三項價值（參考如下），並舉出一個實際的例子：

- 創意／藝術／音樂
- 社區／人際關係
- 當一個好朋友或好家人
- 獲取知識／好奇心
- 幫助他人／社會正義／公平
- 誠實／正直／道德原則
- 勇敢／無畏
- 仁慈／慷慨／同情心
- 自然／環境／永續
- 靈性／宗教

明白個人價值的真正出處，就像是擁有了堅實的基礎，支撐你更有能力在生理上對壓力產生挑戰反應，並更快速從壓力中恢復。能以多元面向看待自己的能力，是能否具備抗壓性的一大部分，因為有了這樣的自我認識，威脅到你某部分生活的事件就不會再進而全面威脅到你的存在。

在帶領壓力管理的研修課程時，我會引導大家進行「多重身分」（identity diversity）的練習，藉此擴展每個人的自我意識，讓和自己有關的一切都成為自我的一部分。我們不希望自己的自我價值只取決於當中的一小部分，而是每一天都要以全部的我來看待。

更重要的是，這非關你做了什麼，或有什麼價值，而是單純地做自己就夠。儘管社會取向認為成就決定個人，但我們必須記住並相信，個人天生的固有價值始終存在。如果能提醒自己這一點，就能擁有更多層次的身分認同。在我引領的課程中，我們會用這句話來安撫自己——做我自己就夠了。當生活中某個領域的事件讓你覺得受到攻擊、冒犯和威脅時，請對自己說這句話。這句話讓我們知道——你有很多不同的面向，無論發生什麼事，你的存在就有其價值和重要性。

**做我自己就夠了，我擁有的已經足夠，我也付出得夠多。**

有鑑於生活中存在許多隱性和明顯的性別歧視，在我接觸到的每一項研究中，女性都特別容易產生消極的自我觀點，壓力的感受度也更強烈，承受的平均壓力更高。每一個社會認同邊緣化的人也面臨了相同的挑戰，他們會內化接收到的恥辱和傷害性言語。因此，檢視我們對自己說的話便顯得格外重要。有時候自我批評的聲音是如此喧噪和頻繁，以至於你適應了它的存在，甚至不知不覺全盤接收。喜劇演員蒂娜・費（Tina Fey）從脫口秀俱樂部崛起，之後因《週六夜現場》聲名大噪，她的幾次演出都讓我捧腹大笑。她曾說過的一句話讓我特別有感觸，她說：「蒂娜・費總是讓我感到驚喜，我就是蒂娜・費。」

我請參加研修課程的成員以他們的名字重複以上這句話，一開始會超級不自在，但還是請嘗試一下。我們每個人在生命中都經歷了無數的困難、失落和拒絕，但還是挺了過來，仍然盡最大的努力，試著做得更好。現在，請再說一次。你有多相信這句話？

參加研修課的其中一位學員凱西・卡普蘭納（Cathy Caplener）曾說（我想應該是半開玩笑的），她要設置一個超大的廣告看板，用大大的黑體字寫上「做你就夠了」，沒有其他廣告、沒有附上網址，也不賣東西。她只想要大家看到，知道有人很在意這件事，在意到願意花錢買廣告看板寫下這句話，對抗普遍存在的稀缺心態。這種心態迫使我們做更多、想要有更多成就、賺更多錢、拚命改進自己，只為了感受到自我的價值。

我告訴她這是一個很棒的點子，卻也擔心一般人不會理解。但我錯了。一年後，凱西在洛杉磯和矽谷地區設立了十五個廣告看板。有些看到這句話的人找到凱西，說自己把這句話寫下來，並和她分享這句話帶給他們的力量。這句話似乎特別能引起罹患憂鬱症和有自殺傾向的人的共鳴，有些人主動告訴凱西，這句話拯救了他們！凱西目前也正和想要贊助的組織合作，希望設立更多肯定自我的廣告看板。凱西本身長期和焦慮及憂鬱症奮戰，「做你就夠了」這句話幫助了她。

「我想要給大家一個擁抱。」凱西說：「因為很多人現在也和我一起做同樣的事，透過廣告看板傳遞有意義的活動。」[20]她希望將來美國各州至少都能設置一個這樣的看板。

當你的核心自我價值得到確認或具備了身分多重化之後，就不會那麼容易受到壓力的威脅，而是可能接受它的挑戰，這正是我們想要的。

## 今日練習題：別逃，正面迎擊

### 救難包小技巧：迎接這一刻，然後好好地恢復

現在請花點時間想一想，即將發生的事情當中，有什麼讓你覺得擔心？或許是一次重要會議、一場演講報告或一項專案，也可能是一件微小但常見的日常麻煩，像是塞車、參加社交活動或與人爭吵。想想為什麼這件事會讓你覺得有壓力，這當中有什麼利害關係？請思考這個事件，並進行以下的步驟：

**建立壓力防護罩——屬於你個人的壓力預防處方**

你可以透過建立信心來阻止威脅壓力入侵細胞，因此我們將關注你在特定情況下的可利用資源，然後由此開始。

請在下一頁列出你認為自己已為此事件做好準備的三項或更多原因，包括技能、資源或來自他人的支持，或者回想曾成功闖關的類似事件，再寫下

你認為自己能夠掌控這個局面的原因。你不確定自己有這個能耐嗎？請相信：僅僅擁有這個想法，就能為你帶來更有可能實現的力量。就讓我們透過自信和能力來面對壓力事件，告訴自己：「我有能力做得到！」

壓力防護罩：我做得到，因為……

寫下你的壓力防護宣言之後，請閉上眼睛，盡可能具體地想像自己身在承受壓力的情況之中，然後在腦海中謹記你的壓力防護宣言，想像自己盡力而為後的正向結果。

## 特別練習題

### 從大局的角度思考自己的定位

請先思考你即將面對的壓力事件，然後再想想自己具備的幾個核心價值，這些價值不需和此事件的情況相關（請參考第一三一頁的舉例），你的多面向身分可以減輕此特定狀況所帶來的威脅感。

### 從時間的角度來思考——放眼未來

透過未來的你反思目前的事件（即使這件事尚未發生），想想一年內這件事會對你造成多大的影響？十年內呢？大多數的答案是，這件事在一年內可能不會產生任何影響。不過，事情總是有發生的可能，或許這件事會有很大的風險，然而即便如此，我們能做的就是盡自己最大的努力，其他無法控制的就別放在心上了。

## 找出問題來

### 當威脅壓力難以擺脫時

利用挑戰宣言、角度轉換和價值肯定，來幫助我們減少反覆思索並解開糾結。這些方法可以讓我們感到平靜、避免事件發生前的額外皮質醇分泌（普遍的預期壓力），好讓我們能夠聚焦在當下，在情況需要下成為獅子。然而我們的身體有時候無法配合，焦慮、恐慌、心跳加速一股腦通通出現，這時候該怎麼辦？請試試以下的方法：

## 善用身體的能量

當壓力感達到最激烈的狀態時——神經緊繃、腎上腺素激增、大腦的思考力迅速轉動、心率加快，這些能量可以成為一種資產，尤其是你也以這樣的角度來看待時。想像你的身體正做出挑戰反應，它為心臟和大腦輸送更多血液，提供額外的葡萄糖來增強能量，同時以正向和創造能量的心態為你建立起集中注意力和成功所需的狀態，這是能量的產生而不是消耗。所以請提醒自己：「壓力是一種強大的能量資源，能夠幫助我做出更好的因應，我的身體正在積極暖身！」不妨選擇此章節所提到的正面思考或其他面對壓力時的挑戰想法，也可以由你自己創造——讓我們成為獅子！

## 從「為什麼是我」到「放馬過來」！

我們在〈第一天〉的章節中已討論過這個概念，不過我們通常還是會抱著期待。所以，只能提醒自己不要過度執著，該放下期待的時候就要放下，這樣當事情不如預期時，才不需要承擔壓力反應。然而，要是這樣的狀況真的發生，你覺得自己像個受害者（你心想：為什麼是我？），請翻轉心態，就讓它放馬過來！想想所有你曾經挺過來的艱難處境，那些得來不易的經驗和智慧都在你身上。壓力心態會影響我們的想法和體驗，包括對事件的生理反應，請以「老天爺還會給我什麼考驗」的心態來面對，就會讓你有不同的感覺。

第四天

# 訓練你的抗壓性

艾薇・龐普拉斯（Evy Poumpouras）是前美國特勤局的特務，身任此職業確實需要做好挨子彈的準備，而且不確定性是常態，韌性（抗壓性）則是生存關鍵。龐普拉斯身高大約一百六十公分，淺色金髮紮成馬尾，臉上畫著完美的貓眼線。她絕對是個不容小覷的人物，曾經保護過喜歡隨意走入人群的比爾・柯林頓，在埃及引導小布希總統穿過擁擠的人群，還和歐巴馬一起走遍世界。在二〇〇一年的九月十一日，龐普拉斯身在世貿中心，她沒有趕著逃跑，反而進入災區，此舉為她獲得了美國特勤局頒布的勇氣勳章。龐普拉斯如今是一位非常受歡迎的心理韌性講者，若問她對於壓力情況的建議，她的答案是「接受和適應」。不要在你無法控制的情況中纏鬥，接受現實，迅速適應，然後解決問題。

這是很好的建議，但知易行難！所以我們該如何幫助自己培養這樣的心態，以便在生活壓力來臨時做好應對的準備？龐普拉斯最喜歡的韌性培養方式之一，也出乎意料地簡單，那就是：洗冷水澡！

為什麼洗冷水澡有幫助呢？龐普拉斯說她一開始這麼做是因為自己很怕冷，而且討厭到她發現自己會刻意逃避和冷有關的事，但是她不想因為討厭或害怕不舒服而阻礙自己去做任何事，所以她開始每天都洗冷水澡，好讓自己的大腦和身體能夠適應，讓她安然度過寒冬。龐普拉斯覺得這麼做之後，自己更強大了！以科學的角度來看，龐普拉斯的冷水澡訓練的確會讓她變得更強韌。她讓自己的身體暴露在可控的輕微壓力源之中（冷水），這時身體的交感神經系統被啟動，隨後又恢復正常。我們相信這個啟動又恢復的過程，蘊含著抗壓韌性在生物學上的重要關鍵。

我們到目前為止都聚焦在壓力源出現後的反應，以及如何做出更好的反應。然而抗壓性有很大一部分是在事情發生之前訓練自己，你必須在高壓狀況還沒出現「之前」，做好壓力反應的準備。為了做好準備，你需要「故意」對身體施壓。

我指的不是長期的心理壓力，而是短暫、集中的急性壓力，而且可以輕鬆自然地從中恢復，像是短時間的運動或跳進冷水中游泳。事實證明，讓身體承受可控的正面壓力與長期有害壓力帶來的影響正好相反，它可以增進細胞的健康和再生壽命的延展，而不是慢慢地耗盡，我們稱之為「毒物興奮壓力」（hormetic stress）。每個人都應該認識這個名詞，因為它和如何運用壓力有密切的關連性。

「毒物興奮效應」指的是劑量過高會有害，但劑量較低卻能帶來助益的特性。就拿喝一整天咖啡和喝一杯濃縮咖啡來做比較，前者會對你的身體不太好，甚至引起焦慮和緊張；但後者則有助於改善你的情緒和健康。我們認為壓力也是如此。沒有人想要整天處於壓力之中，但又需要短暫而強烈的「刺激」，以此促進身體經歷啟動又恢復的過程，不但對細胞產生助益，也能在未來面對壓力時具備更大的韌性。

## 毒物興奮壓力——細胞清理團隊

毒物興奮壓力（也稱為「正向壓力」）是如何運作的呢？當面對短期且可控制的壓力源時，我們的身體會做出與慢性壓力不同的反應。就神經系統方面而言，我們則需要一個快速的開關機制來控制壓力反應，當交感神經反應啟動後，副交感神經反應就會關閉，反之亦然。因此，交感神經系統達到運作高峰之後，副交感神經的運作隨後升高，以幫助壓力反應的關閉（稱之為「迷走神經反彈」vagal rebound）。這種反調節壓力反應的機制，不但能幫助我們復原，還可以重新提振精神。想像你剛洗好冷水澡走出浴室，然後圍上溫暖的浴巾——亦即從壓力到復原的過程，是不是感覺很好？也對你的細胞有益。

從細胞方面來看，毒物興奮壓力的運作具有修復和增進活力的效果。[1]我們需要強烈的壓力反應來啟動體內的抗衰老機制，並按下細胞的「自我清理」鍵。毒物興奮效應會觸發自噬作用，細胞在過程中啟動它的清理團隊，將當天代謝的廢物吞噬之後再進行回收再利用。以蠕蟲為例，如果將牠們加熱，就會激發熱休克蛋白並引起自噬，然後……這些蟲會更長壽！[2]所以把蠕蟲稍微加熱的結果，會讓牠們活得更久。不過如果加熱的溫度過高、時間太長，這些蟲就直接上天堂了。由此可知，毒物興奮壓力有一個最佳存在標準。

毒物興奮壓力的作用幾乎如同疫苗——你的身體必須先吸收低劑量的「病毒」（壓力），之後當你面對更大、更強烈的類似壓力源時，之前注入的疫苗早已經產生抗體。就像你的免疫系統學習如何辨別和對抗病毒一樣，你的身體在遇到壓力時也會學習該如何釋放。壓力來襲時，你的身體會說：「嘿！我以前見過這種情況，我知道怎麼處理。」

關於短期壓力源能促使之後面對壓力時更有韌性這件事，其實在壓力科學領域中很早就得知，這也是我們認為早年歷經中度逆境的人，之後通常更具抗壓性的原因。其中當然還有很多影響的因素，如果童年遭遇的逆境時間很長，並牽涉到生活不穩定、貧窮和虐待，就會對健康產生負面的影響。許多傑出的研究學者正致力於找出負面童年經驗如何影響成年後的建康，以及可以採取哪些公共政策和醫療上的介入，來篩檢並處理童年有毒壓力的危害。因此我在前面所提及的毒物興奮壓力，並不擴及到其他的這些有害狀況，而是指短期可控的逆境——事態輕微且重複出現，能讓身心學習如何代謝釋放並從壓力中恢復。

## 好壓力哪裡找

我們的身體「熱愛」急性壓力，這種從高峰到恢復的過程——交感神經系統運作後由副交感神經接續，能觸發細胞進行清理和修復，這對我們來說真是太棒了！實際上我們也需要它。就像房子需要定期打掃一樣，你的細胞也需要時常清理，而急性壓力就是促使細胞展開清理的步驟之一。我們確實需要休息和放鬆，但是也需要正向壓力。尤其是我們休息時的迷走神經張力會隨著年齡的增長而變低，這會導致自主壓力反應的遲緩、神經系統分支的啟動反應變得不靈敏，[3]所以獲得「正向壓力」就變得更為重要。

當我們刻意地反覆讓自己接收急性壓力，即是利用天生的作用來讓自己更強韌，這是有益的，既能維繫身體的健康，又能幫助因應未來的壓力。在針對老鼠和蠕蟲的動物研究中，我們發現接觸短暫的毒物興奮壓力確實可以延長壽命。蟲體和人類之間當然有著生物學上的差異，因此壓力科學領域的主要研究任務之一，就是釐清到底是哪一種策略作用讓人類體內產生毒物興奮壓力反應。

正向壓力理論在壓力科學領域已經存在一段時間，事實上我在一九九八年以科學家身分發表的第一篇論文，就是關於壓力的正向反應。[4]早期的毒物興奮壓力研究大多以個別細胞或動物為主，研究人員也常使用人類通常會避免的非自然壓力源，例如：電擊、紫外線照射或化學物質等，其中研究人員可以安全誘導人類產生正向毒物興奮壓力反應的方式，是透過運動。

在研究室的實驗中，我們發現細胞具有跨壓力源的恢復力——意思是承受某一種壓力（紫外線）的細胞，在之後面臨不同類型的壓力（熱）也會具有恢復力。它們會改變自己的細胞機制來因應所發生的一切，也能更快清除代謝後的自由基。換句話說，經歷過一種壓力的細胞，之後能應對任何類型的壓力。現在就讓我們看看這個結論是否適用於人類。以運動為例，如果透過有氧運動讓自己承受壓力，之後面臨心理壓力的反應是否會更好？細胞看起來是否更年輕？

許多研究以健康的人和長期久坐的人進行比較，他們發現健康的人在面對實驗室裡的急性壓力源時，比較少出現焦慮的狀況，心率也比較低[5]，這個結果非常令人振奮。那麼，本來就不太健康的人呢？以壓力方面來說，他們也能從體能訓練中受益嗎？亞利桑那州立大學的汀娜．特勞斯塔多堤爾（Tinna Traustadóttir）博士針對久坐人士進行為期八週的訓練，然後和年齡相當的對照組做比較。[6]在八週的訓練結束後，參與者接受產生氧化壓力（oxidative stress）的身體壓力源（反覆使用緊繃的血壓帶，用來引發缺血反應）。結果證實，經過八週訓練的參與者對於身體壓力源的氧化壓力反應較少。簡而言之，效果出奇地好，參與者的身體對壓力的韌性變得更高。

英屬哥倫比亞大學（University of British Columbia）的伊萊．普特曼（Eli Puterman）博士是另一位我經常合作的運動研究員。他招募了一批全職照顧失智症患者伴侶的參與者（承受高壓且沒什麼時間運動的人）[7]，讓他們在教練的召集下每週運動三次、每次四十五分鐘。六個月後的調查發現，這些人在自我評估報告中皆認為自己有更好的抗壓性[8]（日常壓力、糾結和憂鬱的狀況減少，更有掌控感），之後的抽血檢查也發現他們的細胞端粒長度增加。[9]由此可知，體能訓練能在細胞層面產生保護作用，並有助於抵禦長期壓力。

## 壓力製造機

對於多年不曾運動的人來說（通常包括照護者和憂鬱症患者），逐漸養成一些運動習慣非常重要，例如瑜伽或步行，然後再慢慢提升到更有氧和提高心率的運動。若對象是一般人，我們的目標則是隨時做好抗壓的準備，包括受到時間壓力、經濟壓力或需要兼顧多重責任的人。所以我們找到一種不需要花太多時間成本的養生法，稱為「高強度間歇訓練」，簡稱HIIT。

HIIT課程讓你在短時間內進行高體能、心率加速的活動，然後進行短暫的休息。關鍵在於你的最大心率必須快速達到八十以上，中間加上足夠的休息，讓你可以在短時間（約十分鐘）內堅持下去。間歇訓練已經風靡了一段時日，也早從一百年前就成為運動圈訓練方案的一部分，特別是跑步選手。不過直到最近，研究人員發現以相對投入的時間長度來說，高強度間歇訓練可能是最具健康效益的方法。

疫情期間被困在家裡的我買了一輛飛輪車，我想親自試試看高強度間歇訓練的感覺。我隨機選了一個不曾聽過的教練蘿蘋．哈爾嵩（Robin Arzón）所帶領的線上健身課程，然後跨上飛輪車準備試試看。聽著她的指令不到五分鐘，我簡直驚呆了，她用的就是我的毒物興奮壓力語言！她激勵參與者的整個模式充滿了挑戰語氣，像是：「和不舒服建立關係，不斷挑戰它，就會讓你變得更強。」

哈爾嵩的抗壓口號正中我心，我成了她的粉絲，同時開始真正期待訓練時間的到來——但真的很辛苦。在我看來，哈爾嵩簡直就是一位擁有出色直覺的心理學家，後來我才知道她實際上受過律師的培訓，後來放棄律師的職業生涯，成為一名體能教練。我眼見她的全球觀眾一下子增加到五萬人，可見我顯然不是唯一著迷於這種韌性心態體驗的人。

我們對於高強度間歇訓練能作為增進壓力韌性的潛在方法感到無比興奮，因為這是一種投入時間少、成本低又相對簡單的運動模式，每個人都可以在家隨時進行，不但能增進壓力韌度，還能引發身體細胞中促進健康的「清理團隊」。然而我們長期以來對於如何引發毒物興奮效應的瞭解僅限於身體運動方面，這也是目前唯一通過嚴格雙盲研究審查的實驗結果，因此我們可以證實：這顯然能夠產生正向壓力，從長遠來看也對你有益。我花了兩天的時間在美國國家衛生研究院與頂尖壓力科學家們共聚一堂，討論如何更有效地建立與測量抗壓性。唯一獲得大家一致同意的，就是運動。當我步出這些會議時，一方面為運動受到如此高度的重視感到高興，另一方面卻也對這依然是我們所知的一切感到震驚。回到我自己的實驗室之後，我想著：「就這樣了嗎？運動就是我們僅有的研究結論？」

高強度間歇訓練的效果無庸置疑，也具備成熟的發展。此方式將運動量的需求降低到「最低劑量」，讓大家都可以輕鬆做到。然而即使如此，依然不是每個人都能跟上這樣的運動方式，所以我一直在尋找能夠為身體帶來激烈但健康壓力的其他方式，和運動無關又可以引發毒物興奮壓力反應。這個問題在我腦海中盤桓已久，基本上從我在一九九八年發表第一篇復原力的論文時即已展開！

後來，我和冰人第一次相遇。

## 冰人教我的事

當Spa產業協會邀請我參加二〇一七年全球健康高峰會時，我差點拒絕了他們的邀請，我以為這是「健康產業」的內部活動，而且也不是很清楚自己在會中所扮演的角色，或是能做出什麼貢獻。因為實驗室的時間壓力很緊，我也很不想在交通上浪費大把時間，所以我在飛往佛羅里達的途中，就已經感到焦慮，也開始後悔做出這個決定。到時候我就會像一條離開水的魚，畢竟我的工作更適合參加和貧困、創傷和醫療不平等有關的會議。我的時間可以這樣用嗎？最後，我制止了自己繼續糾結，並提醒自己**任何會議都會有一些值得的收穫，我應該把它當成一次冒險**。我閉上眼睛，試著以開放的心態期待即將到來的未知，無論我能看到什麼、學到什麼或遇到什麼人。

我抵達會議現場並為接下來的演講做準備。我的時段快到了，我正準備在腦海裡演練一遍，但前一位演講者一上臺，就吸引了我的目光。他看起來有一點像山頂洞人，身材高大精瘦、皮膚黝黑，一臉飽經風霜的樣子，還留著灰白的大鬍子。現場的其他人都穿著西裝打領帶，只有他穿著短褲和平凡無奇的T恤，簡直就像個異類。我的好奇心正式被勾起。

他的名字是文恩・霍夫（Wim Hof），但「冰人」這個綽號更廣為人知。他因個人的極端技能在國際上聲名大噪，這些令人咋舌的行為大多涉及酷寒氣候，像是只穿短褲、赤裸上身爬上珠穆朗瑪峰，在北極圈赤腳跑馬拉松，坐在一缸冰水裡好幾個小時。他終其一生都在挑戰自己能夠承受寒冷的極限。讓我開心的是，霍夫整場演講都在敘述自己透過長期處於寒冷或冰凍中來增進韌性的經歷。

霍夫形容自己從青少年時期就「被冰所吸引」，他會在冬天跳進冰冷的湖水中，然後神奇地感覺活力充沛。成年後，他的妻子因自殺而失去生命，頓時讓他成為四個孩子的單親爸爸，家裡的經濟也岌岌可危。而霍夫面對這一切的方式，就是讓自己更具心理韌性，透過深入大自然和全身浸泡在冰水中。「我的孩子拯救了我。」霍夫說：「冰則治癒了我。」

聽起來很像是一則比喻，但霍夫真的身體力行。他多年來一直是科學界著迷的對象，因為他證明了心靈的確可能以戲劇性的方式戰勝自主神經系統。對於霍夫能夠控制長久以來科學家認定為非自願過程（例如：發炎反應）的能力，研究人員十分感興趣。有人可能覺得一切都是僥倖，說不定這個人只是原因不明地擁有令人歎為觀止的神經系統罷了。然而隨後出現了幾個實驗採用文恩・霍夫的方式（結合暴露於寒冷中與包括深吸氣、用力呼氣和憋氣的呼吸方法），想確認霍夫所聲稱的益處是否適用於其他人。結果……確實可以。

荷蘭（霍夫的祖國）科學家馬蒂斯．寇克（Mathijs Kox）和彼得．皮克爾斯（Peter Pickkers）在霍夫身上注射內毒素（細菌產生的毒素），用來觀察他體內的非特異性免疫反應。霍夫在注射前先做呼吸練習，為身體做好抗壓反應的準備。結果與注射相同內毒素的人相比，霍夫的促炎反應明顯較少。[10]接著，研究人員訓練十名健康的年輕人在四天裡暴露在寒冰中，並使用霍夫的呼吸技巧。這些年輕人的反應與霍夫一樣，注射內毒素後的發炎反應減少[11]，他們在極短暫的時間裡改變了體內的調節過程（發炎反應、免疫反應、壓力反應），這不單單只是一個神經系統異常的人穿著T恤爬上珠穆朗瑪峰，而是可以傳授教導的，而且任何人都做得到。這正是我多年來一直不斷尋找的，如今卻像天下掉下來的禮物，就這樣出現在我的眼前。文恩．霍夫的方式能夠促進情緒壓力的韌性和毒物興奮效應嗎？

演講結束之後，文恩．霍夫和我聊了起來，他描述了自己如何引導人們進行呼吸練習和冷訓練，會議中的一對夫婦也加入我們的對談。這對夫婦近期成立了一個基金會，專門研究運動和其他心理健康的綜合療法（非藥物治療）。他們對於霍夫的訓練計畫非常感興趣，立刻就提供研究資助，以瞭解霍夫的方法是否也能在改善心理健康方面產生影響。

在回程的飛機上，我為自己參加了這場高峰會感到開心，因為我接受了不確定性，選擇了好奇，並讓體驗隨之而來，最後也獲得了回報。我在加州舊金山分校的研究夥伴溫蒂·曼德斯和艾里克·普拉瑟永遠張開雙臂接受優秀的嚴苛考驗，尤其是正向壓力的測試。我們進行了實驗研究，同樣進行血液分析和數據比較，結論是，就心理健康方面來說，文恩·霍夫的方法在三週內對於減輕壓力和憂鬱症狀的效果，幾乎和有氧運動一樣有效。令人驚訝的是，這些透過控制呼吸或接觸冰水替身體帶來短暫壓力的過程，就像運動一樣，能對情緒調節有非常顯著的幫助。而運動已經過許多研究證實，是一種對人類相對安全的毒物興奮壓力源。除此之外，文恩·霍夫的方式在建立正向情緒方面似乎更勝一籌。和運動對照組以及練習前相比，參與者們在三週中的每天練習結束後，都能感覺到更正向的情緒。

或許沒有人能像文恩·霍夫那樣在冰浴中靜坐好幾個小時，或是只穿著短褲攀登吉力馬札羅山，但是許多人嘗試了霍夫的技巧，也都認為有所獲益。也有許多古老的方式，如暴露在熱、冷環境以及呼吸（例如：西藏的吐默呼吸法 Tummo，又稱內火冥想）。任何人都可以藉由反覆施加急性壓力的練習，來獲得健康和復原力。

我們都能夠「啟動」體內的毒物興奮效應，而且不需要花費很多的時間和力氣，卻有驚人的回報。

琳恩．布里克（Lynne Brick）親身感受到急性壓力練習所帶來的全面改善，也將其養成了日常習慣。琳恩幾年前是一位外傷護理師，她的病患情況都很緊急，因為進入急診室的病人很多都是嚴重傷害，像是頭部外傷、脊椎受傷、骨折或是脾臟破裂等等。琳恩的工作除了努力拯救生命之外，還要在巨大壓力下安撫心煩意亂的傷心家屬，並和家屬以及醫師及其他護理師進行溝通。她的腎上腺素不間斷地大量分泌——有好也有壞。

從好的一面來看，琳恩的工作時間很長，幫助病患進行傷後的復健和痊癒讓她很有成就感。

但壞的一面，則是她必須承受護理過程中一連串需要做出高風險決策的精神壓力（包括判定、診斷、計劃、執行和評估），加上每天得站八到十二個小時、有時候幾乎沒有時間休息或上廁所的身體壓力，以及盡全力挽救病人的生命，最後還是天人永隔的情緒壓力。所有的這些壓力都讓人疲憊不堪，也讓她付出了相對的代價。

琳恩開始透過運動來調整，打網球、騎腳踏車、跳芭蕾，這些運動很快就對她的壓力、工作和生活產生正面的影響，她說自己突然之間理解了運動的藥物力量。「運動幫助我脫離每個工作日所經歷的緊張和創傷。」現在，琳恩說：「運動幫助我找到每天的能量和快樂，幫助我成為一個對家人和自己更寬容的人。」

運動對琳恩的回報實在太大了，她決定成為一名有氧運動教練。她一邊運動一邊自學，希望自己成為一個名符其實的教練，之後也開始為想要成為有氧運動教練的學員授課，就這樣從當地到全國，再拓展到全球。琳恩和她的伴侶維克多（Victor）一起視健身為終生事業，最後成為許多間星球健身房（Planet Fitness）的老闆。她在生活中融入熱（紅外線三溫暖）和冷（泡在住家附近的大海裡）的方式，同時練習緩慢呼吸的放鬆技巧。有時候很難抽出時間吧？當然。但正如琳恩所說：「我一直都知道，如果我還想繼續幫助他人，就必須先幫助自己。我得先幫自己戴上氧氣面罩，而且每天都需要挪出時間來做這件事。」

琳恩和維克多都曾經歷過痛苦，包括家人因精神疾病喪生。她說，運動影響了她在生活上的每一個層面，特別是面對壓力的反應。

## 刻意為身體加壓

我們知道運動（任何體能活動）能有效引發體內的毒物興奮效應，這是長久以來的經典理論。但現在我們也知道，極為短暫的體能活動（例如：高強度間歇訓練）同樣也會引發有益的復原過程。

你不必精準地做什麼或一定要做多久，也無需持續運動一個小時，只需要給身體足夠的壓力，使其「啟動」復原過程即可。你想讓副交感神經擴張、迷走神經活化、內部細胞進行清理的動作。事實證明，文恩・霍夫長久以來一直都在測試毒物興奮壓力促進細胞自然再生的可能性。現在你也可以擁有這種效果，只要讓自己暴露在寒冷中幾分鐘，或是在專家的指導下練習特定的低氧呼吸法（請勿過度或勉強）。

低氧呼吸法的運作如下：基本上這是一種循環過度換氣，首先快速深呼吸，然後用力地呼氣……再快速吸氣、緩慢呼氣，最後再重複幾次。文恩・霍夫也在YouTube影片中現身說法，引導大家練習這種呼吸方式。有些人會因為缺氧而有輕微的刺痛感，也有人表示覺得頭暈、發熱、甚至亢奮。經過大約三十到五十次強力呼吸後，再深吸一口氣，然後呼氣到一半時憋氣，在不引起頭暈或昏倒的狀況下，盡可能憋住氣，不妨從三十秒開始練習，不過大家通常都可以做得不錯，最後都可以憋氣長達兩分鐘。你需要進行三個循環——低氧呼吸然後憋氣，就完成了。這麼做能讓血氧濃度從低血氧到高血氧，並引起血液中的其他變化——促成毒物興奮壓力的理想狀態。

寇克和皮克爾斯博士在實驗室進行低氧呼吸研究時，抽血檢查顯示腎上腺素自然激增——這是缺氧的壓力反應之一，這是身體在說：「我不能呼吸了，準備反擊。」這時腎上腺素升得越高，隨後的發炎反應越少。也就是說，對身體有益的「復原和修復」反應的強度，和壓力的強度有關。而冷水澡基本上具有相同的作用，你透過急性壓力刺激身體系統，然後當身體從壓力中「復原」時得到好處。寇克和皮克爾斯博士自從第一次的試驗後，又從另一項小型研究中發現，對於患有發炎性關節炎的人來說，這個方法顯然有助於降低血液中的發炎程度。[12]

我自己嘗試了霍夫的呼吸法後，也立刻有了不同的感受。我覺得自己像一片平靜的湖水，無法被激怒。我感到輕鬆自在、充滿活力。而隨著時間的累積，甚至發現那些平常會讓我陷入困境的壓力源，似乎越來越發揮不了作用。毒物興奮壓力法可以幫助我們減輕壓力、改變我們看待壓力的角度，使其變得更具可塑性，也因此讓我們感到興奮而非受到威脅。對我來說，身體動起來的方式比動腦更有效，不但能清除雜亂無章的思緒，還能消除肌肉緊張。換句話說，我們經常試圖靠動腦思考來擺脫壓力，但身體已經具備了代謝壓力的構造，我們應該好好利用才對。假若你覺得體內積壓了層層的壓力需要釋放，不妨讓自己接收一些短暫的壓力，好讓你的身體將累積的壓力釋放出去。你可以讓身體挨冷、受熱、把壓力用呼氣的方式排出來，藉此改變壓力在體內的物理特性，以更健康、更有效率也更神清氣爽的方式在體內運行。

重點是，你可以讓身體歷經這些正向壓力（如果安全操作的話），並從中培養恢復力。除了運動之外，許多獲取正向壓力的建議大都沒有經過完善的研究，因此請大家在實施我提出的毒物興奮壓力源時，必須明智地量力而為。根據研究結果，我們已知對蟲體而言，重複施以中等劑量的多種壓力源，可以促進細胞健康的毒物興奮效應和延長壽命；就人類而言，承受短暫且重複的身體壓力，在增進抗壓性方面很可能有非常大的成效，只不過這還是一個新領域，哪些類型的壓力源比較健康？什麼樣的劑量最好？哪一些可能有害？都還有待研究與發現。目前看來高強度間歇訓練特別有效，不僅能提升自我「感覺」，還能確實改善神經系統反應與免疫系統，並促進大腦和身體的生長因子，幫助我們從壓力中恢復。

沒有人想一直處於溫和的低壓力狀態，我們的身體結構也不適合長期的黃色精神狀態，這個結構是為了經歷急性紅色精神狀態，然後再透過綠色的精神放鬆來達到恢復的效果。除非我們刻意讓身體經歷正向的壓力經驗——即使非常短暫也能達到效果，否則就無法好好地復原。

所以，這正是我們現在要做的。

## 今日練習題：健康的壓力刺激

### 救難包小技巧：利用壓力反應讓我們更健康、更長壽

如果能藉由提供身體「一定劑量」的正向毒物興奮壓力來訓練身體代謝壓力，那麼之後只要壓力源再次出現，身體就會本能地產生抗壓性。今天，我們要訓練身體歷經急性壓力反應後的一連串運作來因應壓力——身體首先做出急性壓力反應，接著透過副交感神經作用快速地恢復，並引發細胞的自我清理作用。如果你願意試試看，我會建議在早上嘗試，因為這時候的生理時鐘正處於活動期（高皮質醇、高血糖）。

「壓力健身」（Stress fitness）是指每週進行幾次短暫急性壓力運動的鍛鍊方式，很多都能帶來正向的身體壓力，而且都會在體內產生健康的毒物興奮反應。最好的方式就是讓自己感到有點不適，像是透過短暫、劇烈的運動或暴露在寒冷中。文恩．霍夫的呼吸法也非常有效，但是需要經過練習，可能會引起頭暈，不過還是歡迎大家試試看。請參考霍夫在 YouTube 頻道

的影片，就可以輕鬆獲得指引，對於（因身體殘疾或其他原因）無法運動的人，會是一個不錯的選擇。但是如果可以的話，請大家今天先從接下來的兩項選擇之中擇一來進行。

請選出你想挑戰的項目：

### 選擇一：HIIT高強度間歇運動

請先做一回合的高強度間歇訓練，別擔心，這些運動聽起來很厲害，但其實都不會太難。做一回合的HIIT大約需要七分鐘，請從下列建議中選擇一個項目來進行。你可以不只選擇一個，但最好從簡單的開始。

重要提醒：倘若你已經有一段時間沒運動，就先不要從高強度間歇訓練開始，請跳過以下的建議項目，改從更容易做到的運動做起，像是從慢走再到快走。道理是一樣的，慢慢把自己推向能力的極限，再堅持幾分鐘。你可以邊做邊聽音樂，保持心情愉快，使用計步器，或是邀請夥伴一起……任何讓你感到開心的都可以。你可以透過各種不同的運動方式，來體驗運動帶來的壓力紓解。

我會建議大家上網搜尋七分鐘HIIT指導影片（應該會出現一大堆選項），如果你只想自己進行，那麼只需要選擇三個練習項目，然後輪流做即可。請利用手機設定七分鐘的時間，播放你最喜愛的正能量樂曲……開始吧！每個項目做三十秒，接著休息十秒後再繼續做同樣或不同的動作，以此類推直到七分鐘時間結束為止。

| | | | |
|---|---|---|---|
| 開合跳 | 靠牆深蹲 | 伏地挺身 | 跪姿伏地挺身 |
| 棒式 | 側棒式 | 捲腹 | 登階上椅 |
| 深蹲 | 三頭肌撐體 | 原地高抬腿 | 弓步蹲 |

如果對以上的方式都不熟悉，推薦你上網搜尋影片，網路上有眾多的指導版本（請輸入「七分鐘健身操」）。

這是以健康、積極的方式為身體加壓七分鐘，所以完全可以選擇自己想要的方式。你不需要很會運動，或是非得做到特定的程度標準才能從中獲益。不過，如果你不逼著自己一點，即使是頂尖運動員也得不到任何好處。

不管選擇哪一種運動，無論你的體能或經驗如何，目標都一樣——找出讓你感到不適或掙扎的極限，將不舒服當作一種體驗，不要抗拒或逃避，只要堅持三十秒就可以休息了。然後，再堅持下一個三十秒。全神貫注於身體正在做的事——透過你的努力堅持，身體正在燃脂代謝。你的身體超喜歡做這件事！

**選擇二：向寒冷致敬**

你不必光著腳在北極奔跑，就能獲取冷衝擊為身體帶來的有益毒物興奮作用。請在今天洗完平常的熱水澡之後，將水溫調到冷水，盡量讓水冷到你可以忍受的溫度。你能在冰冷的水流下堅持十五秒或三十秒嗎？還是一分鐘？我們的研究參與者之中，最久的能堅持到三分鐘呢！請把自己逼到極限，就像運動一樣，然後再放鬆下來。

你會覺得想要緊縮、抗拒、畏縮和喘氣，因為浸在冷水裡實在太不舒服啦！簡直就是一場震撼教育。不過這才是關鍵，也正是我們應對突如其來壓力的方式——掙扎著挺過去，然後再復原。透過這個方式，我們明白了面對身體上的壓力其實可以不必產生任何心理壓力反應，這樣的理解有助於快速從壓力中恢復。洗冷水澡時，你就咬緊牙關、縮著肩膀，然後忍耐一下。或者，你可以利用這個寶貴的片刻培養抗壓力，盡可能用放鬆的心態來應對壓力反應的衝擊，這就是韌性。

你可以在洗完熱水澡之後淋冷水（你會感覺到從身體裡面開始變暖），或者如果你喜歡，也可以先從冷水開始，再以熱水結束。建議最好在早上進行，這樣就可以開啟一天的活力能量，不過每個人的感受都不一樣。

請提醒自己：「我的身體喜愛這種感受，我的身體需要這麼做，我的身體就是為此而生。」

關於選擇一和選擇二，我們追求的是一種充滿活力的感覺，能夠「輕鬆應對這一天」。而這也正如我們在上一章節所討論到的，你正在積極訓練自己「成為獅子」。若你在壓力發生之前進行越多抗壓性的訓練，就越能夠做好準備，並以健康有效的方式來面對。猶如一位參與文恩・霍夫研究訓練的女士所分享的：「我覺得自己有更多面對壓力的能量，也更能夠把事情處理好。」

伴隨身體壓力的抗壓性而來的是情緒韌性，且兩者通常並行而來。忍受寒冷和不適並將自己逼到身體舒適區的邊緣，同時也在訓練我們習慣忍受不愉快的情緒。這並不表示我們不會感受到不愉快的情緒，而是當確實出現這些情緒時，我們能處理與紓解得更好。

選擇一和選擇二在某種程度上與冥想非常相似，只是我們把專注力放在身體上，集中在尋找不舒服的極限邊緣，然後感受自己對急性壓力反應的「掌控」能力。

## 特別練習題

### 來點火熱的！

暴露在寒冷中能夠啟動正向的毒物興奮壓力……在適當的情況下，「熱」也有同樣的效果。而我之所以在這裡提出，是因為想嘗試這種熱療的最佳方法，就是三溫暖。雖然不是每個人都能隨時進出三溫暖，但是如果你有興趣，倒不失為一個輕鬆的選項。

大量研究顯示，三溫暖對情緒和身體皆有益處，高熱（Hyperthermia）能有效啟動體內的毒物興奮壓力。例如：進三溫暖烤箱約三十分鐘，體內的熱休克蛋白就會增加，如果能時常這麼做，你的熱蛋白指數就會維持在比其他未經歷熱療的人還高，原因在於進三溫暖時心率會增加，就像進行中等強度運動一樣。經常做三溫暖可以降低血壓和心血管功能指數，效果和運動很類似[13]。我們也從實驗中瞭解到一些效果，發現若在患有心臟疾病（餵食相當於麥當勞的食物）的老鼠身上，反覆進行高熱來激起熱休克蛋白，就能引發抗炎性，進而改善粥狀動脈硬化（血管因脂肪累積而造成硬化），甚至可以延長壽命。[14]

高熱也可能有助於憂鬱症的治療。[15]研究人員首先發現進行三溫暖一到一個半小時的時間，通常可以讓人體的核心溫度到達約三十九度半，並使憂鬱症狀在之後的六個星期中獲得改善。[16]這是一個令人振奮的消息，因為憂鬱症的有效治療方法很難尋得。

憂鬱症患者經常出現體溫調節系統失調的狀況，若能讓他們在高熱的環境下，迫使身體啟動冷卻機制（身體對熱的自然反應是先自己嘗試冷卻下來），也連帶讓這個一直未能正常運作的機制「校正回歸」。而歷經高熱之後的身體核心溫度降得越多，就越能緩解憂鬱症狀。加州大學舊金山分校副教授艾胥莉．梅森博士（Ashley Mason）迄今一直致力於高熱的研究[17]，她發現一種在網路平台就可以訂購的商業用紅外線三溫暖機（而非昂貴的醫療級紅外線三溫暖艙），能有效減輕憂鬱症狀。雖然我們仍然需要更多的研究證實，但三溫暖對於引發體內毒物興奮壓力並改善情緒和健康方面，似乎是一種頗為有效的獨特方法。

## 找出問題來

### 如果高強度間歇運動沒有立即「發揮作用」……

假使你嘗試了選擇一，那麼很可能不會在第一次就覺得有效。事實上，第一個星期就希望有所成效其實很難，不過如果你能持續堅持下去（每週幾次，一次做七到十四分鐘），就能增進心血管和神經系統的抗壓力，並從中建立正向情緒。你的身體也會很快地發現「運動的感覺很好，運動後我的感覺好多了」。就像建立其他習慣一樣，請給你的身體一點時間來適應，讓你在之後的每一天都能真正感受到運動的好處。

## 如果你正與憂鬱症奮戰……

任何類型的運動，即使是短時間的高強度間歇運動，都能有效幫助治療憂鬱症。問題是當你陷入憂鬱時完全沒有動力，更別說想運動了。如果你曾經遭遇更嚴重的憂鬱或焦慮狀況，也對嘗試這些方式提不起勁，那麼請聽聽我們確實知道的事——一開始都會有點難，或許感覺也不好，但是如果你能克服最初感覺「無聊」的障礙，即使運動五分鐘也好，因為任何運動都會對大腦產生影響。和緩瑜伽是一個不錯的選擇，如果可以的話，不妨請一位私人教練來協助你，或者邀約朋友或鄰居當互相激勵的夥伴，一個星期上一堂課，互相傳簡訊、互相關心、為對方打氣和鼓勵。感覺到自己擁有一個夥伴，並覺得必須為對方繼續下去，在過程中會有很大的幫助。

## 如果你患有高度焦慮……

從心理健康的角度來看，運動對不同心理健康狀況的幫助有些微妙的差異。例如：高強度間歇運動對於治療憂鬱症非常有幫助，但是對高度焦慮的人來說可能極具挑戰性，因為運動和其他毒物興奮壓力可能會讓某些人更為焦慮。如果你的身體比較容易引發強烈的焦慮狀況，而且你自己也知道這一點，那麼你可能發現高強度間歇運動不會讓你的焦慮狀況變得更好，反而更糟。所以，我會建議你以緩慢的速度實施毒物興奮壓力，這樣你的身體或許在經過幾次嘗試之後能夠慢慢調整，「未知的威脅感」漸漸減弱，逐漸熟悉運動過程中可能感覺像焦慮的生理變化（例如：心跳加速），並進而幫助減輕焦慮感。然而如果依你的特定身心狀態來說，這項運動不是合適的選項，也請重視現實考量並善待自己。或許其他方式，像是冷水浴或三溫暖會更適合你。

## 第五天

# 順其自然

請想像一下，你被強制一整年都待在家裡，所有的店家都關閉，你也沒地方可去。你在家用電腦工作，整天和筆記型電腦或螢幕發出的藍光為伍，沒有任何社交活動，只能透過電腦大螢幕或手機螢幕跟其他人溝通或互動。

聽起來是不是很熟悉？除非你是急救人員或重要工作人員（他們承受著獨特而強烈的壓力），否則以上所描述的大概就是你在疫情期間的現實狀況。那段期間，每個人的大部分時間都待在室內，可能整天盯著螢幕，突然之間我們的一切——從工作到社交，再到和同事合作，都離不開電腦。除此之外，別無他法可行。即使在疫情大流行之前，我們待在室內、遠離陽光和大自然的時間，早已創歷史新高。如今，我們在電腦螢幕前工作的時間越來越長，查看新聞、社群媒體和其他全球負面消息的頻率也越來越高。根據全面調查顯示，人們的焦慮、憂鬱、睡眠問題和倦怠程度，也到達前所未有的高峰。

在疫情封城期間，大家因應焦慮的方式通常是走出戶外、接觸大自然。由於每間店和公共設施幾乎都已關閉，大自然就成為大家走出家門外的唯一選擇。之後有許多研究評估了人們可以接觸到的「藍綠空間」（blue-green space），包括城市公園、森林、溪流和海岸地區。[1] 一項由英國心理健康基金會（UK's Mental Health

Foundation）進行的調查顯示，百分之六十二的英國人認為在公園和花園散步可以減輕壓力，同時之中顯然有劑量與反應效應（dose-response effect）的存在，接觸大自然的時間越多，心理的健康狀況就越好，而且每個年齡層都是如此（此項調查的對象涵蓋兒童到老年人的所有年齡層）。在新冠肺炎疫情最為嚴重時，西班牙實施非常嚴格的封鎖政策，在這樣的狀況下，那些看不到或無法接觸大自然的人（無論收入多寡），心理狀況都比其他人差很多[2]，可見大自然似乎是一種極為強效的抗焦慮藥物。

我住在城市裡，也擁有城市化的狀態——習慣了救護車、消防車和汽車的聲響，這些肯定會促使我進入保持警戒的黃色精神狀態，即使我早已經司空見慣，這些似乎也不再特別引起我的注意。我每天都會牽狗去散步，不管再忙都不能跳過這一項，我必須放下待辦事項帶著狗出門。我們會走到海邊，在那裡可以聽到海浪的聲音，或是走到舊金山金門公園的樹林中，風吹過樹葉發出如音樂般的沙沙聲，讓我短暫忘卻憂慮，與周圍的自然世界和諧共處。這兩個截然不同的對比環境彷彿發出提醒，我需要更多大自然！當我完全遠離城市並沉浸在野外時，原始自然對我的影響力更強大了。

我最喜愛的遠離方式是到海邊的偏僻小屋，只要接近野外和廣闊的海洋，我的神經系統在一天之內就能重新調整。我的思緒從工作和家庭的日復一日，轉移到了一波一波海浪的節奏韻律。和遼闊寬廣的太平洋相比，我的所有問題似乎都變得微不足道，我的身體好似和周圍的環境融為一體。在家裡的我隨著生活與工作的時間表和螢幕運行，而在這片海洋旁，我與日出、日落、一天的溫度變化、空氣中的氣味、聲音和所有的感受和諧相處。

如果說這場疫情還有值得寬慰的一絲希望，也許就是在每個人經歷一生中壓力最大也最不確定的時刻裡，我們被迫走進唯一可以接近的大自然。好像也只能這樣，因為我們真的沒有其他的選擇。但事實證明，無論以何種方式或在任何情況下接觸大自然，都是減輕壓力最有效也最直接的方式。問題是，現在大多數人又回到「自然缺失」（nature deficit）的生活，在每天的日常生活和例行公事中，接收過度的刺激並失去洞察力。我們拘泥於細微的問題，然後為了解決這些小問題投入更多關注和努力，卻使問題越變越大，挾帶而來的壓力也變得更為龐大，幾乎占據了我們所有的注意力，導致我們眼中只有這件事。

## 壓力造成的認知負荷——黃色精神狀態

人類大腦的運作模式就如同一臺大型預測機，根據過往的經驗、記憶和身體的訊號，不斷預測接下來會發生什麼事。所以我們經常過度接觸螢幕和電子產品，導致習慣接收大量的刺激，我們期待著、沉溺於其中，甚至主動尋找。

這種想要連結、參與和刺激的習慣與期待，讓我們似乎不可能處於平和的狀態，少做些事或什麼也不做。因為大腦不斷告訴我們應該做些什麼、擔心這件事和那件事、查看新聞或電子郵件等等。在紅色或黃色的精神狀態下，我們的大腦會更想要做一點什麼，而不是靜靜地待著。在一項研究中[3]，參與者被要求自由思考十分鐘或更久的時間，如果參與者真的想在那段時間裡做點什麼，只能選擇對自己施以輕微的電擊。結果幾乎有百分之二十的參與者電擊了自己，有些人純粹出於好奇，有些人則是出於無聊或想這麼做。

在這種接收過度刺激的習慣和過度勞累的文化驅使之下，我們幾乎整天都待在室內、坐在螢幕前。當我們大量接收社群媒體的餵養，卻同時失去與人面對面的交流時，就會造成致命的結果。社群網路大量充斥著負面情緒和憤怒的表情符號，這些情緒甚至被刻意放大。[4]我們現在知道臉書的演算法會讓這類問題更加嚴重，因為擁有憤怒表情符號的貼文被傳送的流量是按「讚」的五倍之多。[5]此外，社群媒體的刻意人設，讓我們相信其他人都過得比自己更美好，這部分對年輕人的影響甚為巨大。根據統計，美國青少年的自殺率在二〇〇〇年到二〇〇七年相對穩定，到了二〇一八年卻遽增了百分之五十七。[6]為了遏止科技成癮，許多國家也試圖在政策上施力，例如法國就通過了一項「拒絕使用電子郵件」的權利法案，明確賦予人們晚上可以婉拒任何電子聯絡的權利，不需要回覆工作上的緊急電子郵件。可惜，我們大多數人都享受不到這項德政的保護，反而還罹患了前述的大自然缺失症——和自己、我們的感受、我們的身體、彼此以及大自然脫節。

住在都市裡的居民可能會承受更多的痛苦。我們這些生活在都市環境的人，已經習慣了某種程度的持續刺激，但這並不表示我們不會受到影響。「城市效應」指的就是在城市地區長大的人罹患憂鬱、焦慮和精神疾病的比例比較高，相較於在鄉村地區長大的人，城市人也往往對社會壓力產生過度反應。[7]就連城市裡的蜜蜂也和鄉村蜜蜂不一樣——牠們的氧化壓力更高，可能是因為汙染、噪音和其他刺激的關係。[8]

我們生活在一個什麼都太多的世界——螢幕上的刺激太多、想要持續參與的太多、分散我們注意力的事物也太多。但我們的精神狀態和壓力指數是經由環境所形塑，因此可以利用這一點來製造優勢。

## 讓大自然調整神經系統

做法很簡單，以透過改變身處的環境來改變精神狀態，進而改變我們的思緒和思考過程。對人類來說，當我們讓自己置身於自然世界中，就幾乎能夠自動產生轉變——從受制約的思考模式（快速思考、消極的自我對話、預測接下來會發生什麼事）轉變到更緩慢、更平靜、具創意和好奇的擴散思考。沉浸在大自然中能夠立即減少來自螢幕、訊息和城市聲音等我們習以為常的人為感官刺激，強制讓大腦休息。大自然是一個可以平靜心靈、放鬆身體的庇護環境。我們的確也可以在一般環境中訓練大腦來得到同樣的效果（像是透過我們討論過的正念練習），但是直接進入大自然是最快速的方式，而且還能為精神狀態和神經系統帶來許多其他的好處。

森林的益處早已被廣為研究，許多研究結果顯示經常沐浴在森林中能夠改善很多健康問題。許多國家稱此為「森林浴」，在亞洲國家尤其盛行。韓國及其他地區的研究人員對每週沉浸在森林生態中幾次、每次幾個小時的效果進行觀察，參與者在森林中漫步、關注周遭的環境或坐下來觀看風景。經過臨床實驗證明，森林浴能夠降低血壓、皮質醇和發炎指數。[9]紐西蘭的醫師也會開立所謂的「綠色處方」，建議病人每週三次、每次在大自然中兩個小時。大自然療法非常有效，已有許多地方都將此納入主流醫療之中。

感官，是森林浴對人類神經系統產生神奇功效的媒介之一。植物或樹木的氣味（例如雪松）可以緩解壓力，而且森林中的空氣不但比較不受汙染，還有較多的負離子[10]，特別是在瀑布區或下過雨之後。聲音也扮演了重要角色，樹梢的風聲、鳥鳴以及水聲或海洋的浪潮聲，這些對我們都有平靜和放鬆的作用。雖然具體的原因到目前還無人知曉，但有一種理論認為這和遠古演化的安全感有關。此外，視覺上也有同樣的效果，我們被綠色環境包圍時會感到平靜與安全，或許也是演化的制約結果。而城市景觀帶來的感受恰恰相反，因為我們在城市裡很容易受到過度刺激，看到的、聽到的都不是自然的景觀和聲音，所以城市景觀反而會引起許多人的不安全感，產生緊張或警戒的情緒。

這種在大自然中的戲劇性轉變，稱為「注意力恢復效應」（attentional restoration effect），除了能緩解認知負荷，也使大腦有了放空的機會，讓我們感到身心舒暢。許多研究在人們一邊觀看自然或都市景觀的照片時，一邊檢視腦波或大腦的活動狀況，發現與自然景觀相比，城市景觀馬上需要更多的注意力和認知處理，並引起大腦中與壓力相關區域的運作，例如杏仁核。[11] 印度新德里理工學院的普賈．薩尼（Pooja Sahni）博士發現，在觀看自然相關影片時，我們的大腦會出現強大的 $\alpha$ 波跟 $\theta$ 波（製造放鬆的神經狀態）並增強克服干擾的認知能力。[12] 有趣的是，在薩尼的研究中，瀑布和溪流似乎是最強效的自然刺激。

## 水的神奇力量

海浪韻律節奏般的聲音，也讓許多人得到舒緩和鎮定的共鳴，它能帶動我們減緩呼吸的速度，從習慣進行的淺呼吸或帶氧量不足的呼吸變成深呼吸（下一章節會有更深入的討論）。除此之外，水還有一些特別之處，生物學家華勒斯．尼可士（Wallace Nichols）博士稱之為「藍色心境效應」（Blue Mind effect），這正是我們本週想要實現的任務。尼可士博士的「藍色心境」指的是一種能夠產生幸福感和恢復力的深度平靜狀態（如同我們在本書中所討論的），他也在其著作《藍色心境》（暫譯，Blue Mind）中指出，水是實現這個目標最有效的媒介。

無論是在海洋、游泳池中，或是漂浮在鹽水艙裡，都能帶來有益心靈的平靜和幸福感。人們從幾個世紀以前就懂得利用水來維持健康，無論是熱水、冷水、天然溫泉或精心設計的室內漂浮艙。漂浮艙中注入了水和大量的鹽，讓身體可以安全、放鬆地漂浮其中。使用過漂浮艙的人都說自己感到一切的需求都獲得了滿足，覺得既輕鬆又安全。長期針對漂浮艙進行測試效果的研究小組想瞭解隔絕聽覺刺激對心靈的影響，他們發現透過單次九十分鐘的漂浮艙療程，就能讓高度焦慮或焦慮症患者的焦慮程度下降到接近一般人的程度。[13]

原因是什麼？其中一個理論指出，漂浮在水中可能會改變身體接收的訊號，顯著降低肌肉的緊張和血壓，並對整個身心產生連鎖效應。漂浮在水中似乎也能增進身體的內感受（意即感官意識和身體之間的連結感受），我們的注意力轉向內在——呼吸、心跳、身體的感覺和感受，而非大腦的思考過程。同時血壓平均下降十個數值，血壓數值降得越多，就會讓人越感到平靜，這種平靜感能維持一整天。

我們隨時都帶著龐大的認知負荷，大腦的工作記憶有著沉重的負擔，包括許多的擔心、待辦事項、不知從哪冒出來的思緒以及接收周遭刺激的反應。而相對在大自然中，人們的注意力會自然地更加集中，控制注意力的能力也能有所改善。在神經心理學的測試中也發現類似的情況，認知負荷在大自然中得到紓解，因此大腦才能為創造力、隨興思考和當下的體驗清理出更多的空間容量。這一切都回到本書所探討的議題——人們大多數時間都承受著不自覺的壓力，甚至對壓力帶來的影響無所覺察。我們往往沒有注意到自己的壓力有多大，直到進入了大自然才長久以來第一次感受到完全沒有壓力的感覺。我有一位熱愛在舊金山生活的好朋友，她最近在森林裡度過週末之後說：「我從來都不知道這座城市的壓力這麼大！」

## 走入藍色心境

大自然對人類有一種吸引力，身在自然環境中能讓我們進入放鬆的綠色精神狀態，甚至是藍色精神狀態。藍色精神狀態可能是一種深度的放鬆（如同前言所探討），也可能是一種超然物外的心境，你會在其中感受到身體與環境合而為一，得到心靈與思緒的平靜。而沉浸式的自然體驗，正是實現藍色精神狀態最快的方法。

我在抗壓力方面的研究已經有數十年的經驗，而大自然對於自主神經系統的影響著實令我驚嘆不已。大自然的獨特療癒力不但有舒緩、平靜的效果，更改變了我們看待事物的觀點，讓曾經感覺沉重的壓力源頓時縮小。其中的主要原因是因為自然世界的原始之美讓我們感到驚奇與敬畏。

接觸大自然使我們感受到其中的美不勝收，更體會到那是一個無比廣大的世界。喜愛大自然的人們接受訪問時表示，他們深深受到「浩瀚」海洋、「廣袤」山林、「無垠」沙漠或「遼闊」天空的影響，而山林、海洋、沙漠和天空之所以能夠為人們帶來平靜、祥和並緩解壓力，則源自於視野的轉變。身在大自然提醒了我們宇宙如此之大，而人類是如此地渺小。

加州大學柏克萊分校的達契爾・克特納（Dacher Keltner）教授是我熟識二十年的情緒研究學者，他在早期專注於研究一種正向情緒：敬畏。

當年的我並不理解這項有趣的研究，但如今這似乎是最需要理解的人類經驗之一。克特納教授持續對他所謂的「人類獨特的敬畏感」進行廣泛研究，並發現當我們感到敬畏時，會立即湧現生物效應，像是心率變異度較正常、血壓降低以及壓力明顯下降。對老年人來說，簡單的「敬畏步行」（關注周遭事物、一起拍照）與一般的步行相比，能夠降低日常壓力並提升正向情緒，大家在照片中的笑容也更燦爛。[14]敬畏擁有轉變的力量——身處於比自己更偉大的事物面前，會立即讓我們擁有不同於以往的觀點，在壯闊的世界面前，那些看似非常重大並迫在眉睫的要緊事突然就變得沒那麼大不了，那些追著我們跑的壓力也就跟著縮小了。我們所煩惱憂慮的，根本過於渺小。

克特納認為，敬畏或許是壓力、焦慮、憂鬱和創傷後壓力症候群的特效藥。他的研究中心將患有創傷後壓力症候群的退伍軍人帶到野外進行研究，發現他們的症狀在一週內下降了百分之三十。

「自人類歷史以來，就一直有敬畏的相關記載。」克特納說：「當我們遇上壯闊而神祕的事物時，就會出現敬畏的情緒。實驗研究也顯示，這時候我們的自我意識也會跟著縮小，我們覺得自己與更大的事物（例如整個生態系統）產生連結，並對整個世界產生真正的好奇。我們的眼界被完全打開，敬畏讓我們願意為共享的社群做出貢獻，讓我們拋開彼此的差異與分歧，對其他人感興趣。隨著研究數據的呈現，我真切地認為敬畏或許是通往療癒和心理韌性的最重要途徑。」

## 敬畏會是長效性的抗壓處方嗎？

克特納持續進行敬畏和人類韌性的研究，而敬畏的影響能持續多久，則是他想要解開的問題之一。我們知道敬畏不僅可以減輕壓力，還能對神經系統產生影響——減緩大腦的反芻性思考以及負面的自我思緒，但這股影響力能持久嗎？或是轉瞬即逝，只在當下那一刻發揮作用？還是仍有後續的效能？

我相信可以持續一輩子。

我的同儕喬治．波南諾（George Bonanno）是一位享譽全球的創傷專家，也是《彈性心態》一書的作者。喬治的童年過得極為艱辛，成長過程中飽受父母的虐待，他十幾歲就離家，還染上吸毒的惡習，眼睜睜看著自己的生活分崩離析。十七歲時，喬治決定離開家鄉，遠離毒癮和不良影響並試著重新開始。他一路搭便車到了美國西岸，一位友善的卡車司機讓喬治上了車，在知道他的故事之後選擇多繞好幾百公里的路程，向喬治的目的地前進。喬治已經不記得那位司機的名字，但是他還記得那位司機對他說：「孩子，你絕對做了一件好事，你即將掌握自己的人生，你肯定會犯錯，不過沒關係，因為那些會成為你的養分，讓你從中學習並成長。」

夜幕低垂時，卡車司機終於不得不掉頭往另一個方向走，他建議喬治從高速公路往下走一段路，睡在前方的小山丘上——他還指了方向，然後明天一早再繼續搭便車上路。於是喬治在漆黑的夜裡走上山丘，抖開睡袋，在星空下沉沉入睡。當他一早醒來時，才發現自己身在群山中。喬治從未看過山，天空無限遼闊，充滿了粉紅和紫色的絢爛雲彩，他突然感到一陣無法抗拒的感受，那種感覺讓喬治至今仍找不到適當的言語來形容，他現在稱之為「某種上帝感，但不是概念上的那種」。

「在那一刻，我看見宇宙清晰的秩序感。」喬治在幾十年後的今天說道：「永恆，沒有好或壞，我覺得自己似乎和這世界產生了連結。從那時候開始，我知道一切都會好起來，我的人生也會好好的。也幾乎從那一刻起，我的生活開始變好了。」

喬治現在是人類復原力科學的先驅，他的研究顯示大多數人在經歷創傷事件之後，都能在幾個月之內恢復到先前的健全狀態，絕大部分的人也會在一或兩年內復原。我們都具備彈性，我們的身體、細胞和精神都是為了復原而存在。而敬畏是我們口袋裡的一張王牌——讓我們度過艱難的時刻，增強內心的韌性。或許你也有過這樣的時刻，你的人生在突然之間有了更多的目標，你看見了自己在其中的位置，也看到了每一片拼圖是如何拼湊在一起。當我們處於綠色或藍色精神狀態時，這些見解就會浮現，但在紅色或黃色狀態就極為罕見了。

「敬畏感」通常不會出現在每日、每週或每個月的待辦清單上，卻很有必要。克特納向我說起他最近忘了定期經歷敬畏感的重要性而發生的事。[15]他在二〇一九年失去了與他極為親密的弟弟，接著新冠病毒來襲，我們都經歷過的壓力源隨之而來——和家人朋友的往來中斷、對疫情的擔憂以及對未來的不確定性。兩年過去了，他覺得自己咬著牙撐過去了。但有一天他覺察到自己的感覺糟透了。

「我感受到慢性壓力帶來的持續緊繃。」克特納說：「我感覺到發炎的熱度，我的注意力全放在所有的問題上，我的細胞大概都提早老化了！然後我突然頓悟：既然我研究敬畏，就該去經歷並體驗它！」

當時正值疫情期間，想要長途旅行勢必不可能，再加上克特納奉行低碳足跡的生活，不長途旅行、不搭飛機、不買過多的東西，所以他必須以簡單的方式體驗敬畏。他開始到處尋找那份感覺，散步、發現之前不曾注意到的樹、聽音樂、欣賞日落的天際，也重新開始享受閱讀的樂趣，再次找回曾經開拓他的視野、讓他感到興奮激動的偉大想法和見解。一切都在克特納身上發揮了作用，雖然悲傷和憂慮依然存在——它們不會消失，但已經不再將他吞沒。

## 重新調整你的神經系統——無論你住在什麼地方

不是每個人都能輕易地與大自然產生連結，我們通常比較喜歡伴隨著自己成長或熟悉的事物。對許多人來說，突然進入原始的大自然可能不會立即感到平靜，因為一切都太陌生。我們這些在都市環境中長大的人，熟悉的是城市的步調、景象和聲音，或許需要在熟悉的忙碌環境裡才會感到安全和平靜。但我想建議大家試試看，花一點時間適應這些綠色和藍色的風景，當我們被自然世界包圍時，內心深處會感受到油然而生的平靜、專注和穩定的心神。「完全沉浸」在自然之中能夠引發一種超級效應，因此我極力鼓勵大家嘗試。不過說到日常壓力的管理，都市裡的自然也能產生極大的影響。

根據研究，城市綠化能幫助增進注意力、降低心率和焦慮感，並讓人們更感到身心平靜。而城市綠化較少的地區，暴力事件相對較多、人們的心理健康普遍不理想、體能活動不足、死亡率也較高。[16]此外，孩童也會受到影響，生活在低自然區域的孩子罹患過動症和行為問題的比例較高，這些也和社會經濟因素有關。[17]而端粒似乎也喜歡綠色環境！香港的一項研究發現，居住在綠意盎然、自然區域較廣闊的郊區的人，端粒比城市裡的居民（同樣受到社會經濟因素的影響）更長。[18]而和汙染相對嚴重的都市河流中的魚相比，來自農村溪流的魚也有更長的端粒[19]；農村鳥類相較於都市裡的鳥類也是如此。[20]可見城市裡的花園和樹木也能以許多方式促進我們的幸福與平靜。

在最近和朋友的一次交談中，我拿在城市裡散步和在野外沉浸於自然中做比較，然後有點睥睨城市地說：「我再不接觸自然就要死了！」我的朋友溫和（並正確）地指出——自然無處不在，只要用心尋找。我們的城市就建造在自然之上，而自然也在各個地方湧現。鳥兒在樹上或在任何可以做窩的地方築巢（屋簷、消防通道、甚至盆栽裡），生命力強韌的植物從柏油的縫隙中生長出來，花草從小草坪、窗臺和其他容器裡蓬勃生長，大自然總是想方設法從各處展現它的魔法，這些都等著我們去發現和呵護。我發現自己現在比以往更珍惜我的花園，同時也更能打開感官接收城市裡所有的自然景物。雖然我知道野外的自然環境有很多益處，但是每天都能在城市裡接觸到大自然，也有莫大的幫助。所以現在我每天都會走到後院，感受光腳踩在泥土上、陽光灑在臉上的感覺，並聆聽鳥叫聲。

## 今日任務

體驗自然，體驗敬畏。提醒自己在這個世界中的位置，從更大的角度確認問題的真正「大小」。自然發送出安全、平靜和穩定的感官訊號，既深刻又源源不絕，這就是綠色精神狀態，即使是城市中的自然也能做到這一點。

我們在疫情期間就做得非常好，也親身感受到其中的益處，就讓我們從中學習。就壓力科學而言，疫情宛如一個分水嶺，讓我們學到如何建立真正的抗壓性，以及如何帶來更多幸福、快樂的認知。自然在這之中占有很大的部分。隨著人們開始注射疫苗、工作場合重新開放、人生也再次回到疫情前的步調（至少目前是如此），我想起同事伊莉莎白・布雷克本（我的端粒研究夥伴）曾對我說過的話，她說：「我們不要白白浪費這一場疫情。」

危機造就改變的機會，我們稱為「創傷後成長」（post-traumatic growth）。自然，是人們在疫情期間普遍使用的應對機制，我們也從大規模研究中學習到，大自然是多麼有益身心。讓我們從中學習，不要將自己關在室內，抓住每一個能夠走出戶外的機會，體驗自然世界的感官洗滌，感受它對壓力施展的魔法，幫助我們朝向綠色心靈邁進。

自然有一種穩定和緩慢的調性——它本身就充滿了耐心和韌性，也激發出我們體內的這些特性。在室內，我們承受著每天自我設限的時間壓力；到了戶外，才瞭解到時間是以年和世紀來衡量。我們走進樹林，看到一棵大樹倒下死亡，然後你注意到所有周遭冒出的新芽，它們會持續生長到下一個世紀，而你正見證了地球的歷史軌跡和未來。然而我也必須在這裡指出，由於氣候的危機，我也對大自然受到的威脅感到悲傷，有時甚至絕望，我想你也有同樣的感覺。人類需要自然來維持生存與身心上的健康，因此我們需要採取強烈行動來保護自然環境，也深信這樣的行動勢必能產生影響力——下一個章節將會有更詳細的討論。

今天，我們將以你做得到的方式來感受大自然的深層平靜力量。如果你今天就能讓自己沉浸在大自然裡，那真是太好了。但是請記住：任何形式的大自然都擁有強大的力量，也都對你有所幫助。大自然透過不同的感官帶來影響，所以我們可以透過許多不同的管道進行，在住家附近散步、到後院都可行；也可以將大自然的聲音和氣味帶進家中或辦公室。無論選擇哪一種方式，你的任務都是利用自然的韻律節奏來重新調整身體的神經系統。透過在室內或戶外創造一個自然喚醒的場所，你改變了所在的環境，你的思考方式和身體也會跟著改變，變得更平靜、更愉悅，也更有彈性。今天，就讓自然為你產生作用。

## 今日練習題：讓自然幫你縮小壓力

### 救難包小技巧：換一個角度並建立連結

今天，你可以根據自己的能力從三個不同的練習選項中選擇。不過請記住，你今天無法做的，將來都可以試試看。這當中無論是哪一個選項，都可以降低壓力、重新調整神經系統、讓你平靜地「重新設定」，以更有彈性的方式繼續這一天。

**選擇一：沉浸在大自然裡**

想一個你今天可以去的地方，那裡有原始的自然景觀，感覺像真正的荒野，可以遠離人類城市的景觀和聲響。今天，你要在大自然中漫步，完全沉浸其中，讓思緒完全轉移向外，關注小細節和眼前的風景。我的英國朋友馬克．高曼（Mark Coleman）會定期舉辦自然療癒活動[21]，他稱這種散步方式為「漫遊」，意思是沒有目標的徘徊。你不是想到達某個地方，也不是要走完全程或攀上巔峰，你只是慢慢走，沿途看看。

最理想的方式是單獨一個人，倘若你比較希望有個伴，那也可以。只要記住這不是聊天或交談的時間，而是感官的體驗。所以請默默地、慢慢地、各走各的。你的首要任務是充分打開五感，關注外在，盡收你看到的、聽到的、聞到的、嘗到的和感覺到的，否則會很容易陷入自己腦袋裡的思緒。要是你默默地慢慢走，但腦袋裡想著別的事，那麼即使走完全程也不會真正看到什麼。

請將你的神奇注意力向周遭打開，深深吸一口氣，然後開始跨出步伐，並牢記以下的目標：

- 豎起耳朵安靜地漫步，聆聽鳥鳴、微風、水流和任何動靜。試著細數聽到的不同聲音，一旦你開始豎起耳朵聽，或許會感覺好像是第一次注意並聽到大自然豐富的聲音。
- 感受風吹拂在臉上、身體移動以及每一步踩在地上的感覺。正如一行禪師所言：「注意你的雙腳與大地的接觸，走路的時候就好像你用雙足親吻大地一樣。」[22]

- 隨著你的步伐，注意周遭景色的轉變。觀察地面、植物、天空、顏色和光線。
- 停下腳步，盡可能靠近一點。摸摸樹葉、樹皮、花朵，聞聞看。如果你不覺得這麼做很愚蠢的話，就抱抱樹吧！或至少靠著樹幹，感受樹的牢固。
- 提醒自己，你也是大自然的一份子。我們體內的水來自這個星球，再到當地的地下井或水庫。我們所倚賴的微生物群（在腸道、肺部和皮膚）受到當地環境的影響，包括你所吃的農產品、呼吸的空氣（沒錯，裡頭有數百萬種微生物）。所以請認識這個自然世界，因為你就是其中的一份子。

當你以這些方式漫步於自然之中，五感開關全都打開，那些沉思、省思、反思的思緒就會通通停下來，你所承受的種種壓力都會消散，甚至不需費吹灰之力。當你從山林歸來時，會感到神清氣爽，並儲備好重返忙碌生活的能量，也更接近綠色精神狀態的基準線。你可能會拍一張令自己感動的照片，以便稍後再重溫那樣的感覺。

試著至少漫步十五分鐘或盡可能更長的時間！如果可以的話請走一小

時，沉浸在大自然的時間永遠不嫌多！

**選擇二：在都市自然中重新調整**

最有效的城市充電，是找一個看不到或聽不到汽車的地方。可以到附近公園或近郊瀑布，甚至是一個安靜的社區。如果能被樹木或其他綠色植物包圍，有一些景觀或靠近水源的效果最佳。就用你可以找到的地方，天空永遠都在。我們的目的是利用感官並關閉「城市警戒」，如果能夠在其中獲得感官的體驗，就可以擁有迷你版的自然接觸效果。

盡可能多花一點時間，即使只是十五分鐘也能幫助你重新調整神經系統。慢慢走，試著根據自己的步調放慢呼吸，將注意力放在周遭的自然環境，看看你能發現什麼。即使是在城市中觀察野生動物，也能帶來平靜。你或許能夠看到鳥類或松鼠，建議可以放置餵食器，吸引鳥類到院子裡。倘若你能觀察到蜂鳥每秒鐘振翅八十次的景象，想必能引起敬畏之心。

**選擇三：將大自然帶到你身邊**

這個方式是將大自然帶入你的空間。感官擁有強大的力量，感受、嗅覺和聲音都會影響神經系統。精油（例如來自雪松的植物萃取，薰衣草尤其會釋放揮發性的有機化合物）的相關研究顯示，精油的味道能夠短暫但有效地減輕壓力感和焦慮。[23]其中以按摩的效果最好（將其搓揉在雙手、腿部、頸部或後背），除此之外，還有很多精油如何影響神經化學的相關說法。[24]

在家中找一個可以獨處並舒適地坐著（在椅子上或地板上）或躺著的空間，拿出具有鎮靜效果的精油，也可以將自然物帶進室內——花、草、樹葉、橡實，任何可以聯想到戶外和自然世界的物品都可以。加入自然的聽覺訊號，找一段能與你產生共鳴的自然聲音——風聲、雨聲、海浪聲（只要在YouTube或音樂串流應用程式輸入「自然聲音」就會出現非常多選擇）。然後短暫地進行幾次呼吸，幫助你進入「綠色到藍色的心靈」狀態：

- 保持呼吸的順暢，一隻手放在腹部，另一隻手放在胸前，你可能會感覺到腹部起伏的幅度比胸部還大。
- 用鼻子呼吸五次，但呼氣的速度要比吸氣的速度慢。
- 現在，將注意力轉向外部，轉向你的感官和室內環境。

- 專注在聲音上。當你呼吸時空氣的感覺如何？有聞到什麼味道嗎？你想要感受或觀察任何自然物嗎？
- 想像自己身在大自然裡，或許在水邊或樹林中，並在腦海中想像詳細的景色。
- 告訴自己，這片寬廣的大自然能夠承接你的任何想法和情緒，它大到能夠裝載全部的你，現在就讓它擁抱你、支撐你。

無論你決定如何感受大自然——讚嘆它的美或敬畏它，我想將美國環保運動領袖約翰．謬爾（John Muir）的一句名言送給你：「就像陽光穿透樹梢，大自然的平靜也會流入你的心房。風會吹來清新，風暴會帶來能量，而憂慮會像秋天的落葉一樣掉落。」[25]

## 找出問題來

你還沒感受到其他人驚嘆的神奇效果嗎？有些人很容易就能立刻感受並描述出來，其他人則不然。那種感覺你可能還說不上來，或者還沒出現在你身上，不過這並不表示自然沒對你發揮作用。即使如此，它依然會對你的神經系統產生影響。

敬畏感不只從一處而來，也不是絕對必要的，無論風景多麼壯闊，你都不需要強迫自己產生這種感受。或許還有其他類型的體驗，能夠為你帶來其他人在大山大海前感受到的驚奇與廣闊。觀看和英雄或太空探險有關的影片，通常也能夠引起敬畏之情。敬畏是一種可以培養的體驗，能夠透過觀察和對平常不曾注意到的事物保持好奇而來，從小細節到廣大的視野來注意周遭環境。建議可以嘗試每週拍五張照片，這五張照片所拍攝的都是讓你停下腳步的場景，並用幾句話描述當下帶給你的感想或心情。

**如果你在大自然中感到不自在……**

假使身處在原始、野性的自然中讓你感到不自在，請慢慢來。身在陌生環境或甚至感到被威脅的地方，會讓你的警覺性轉向錯誤的方向。這不代表你無法從大自然中獲益。請試試先觀察熟悉環境中的植物和樹木，或是將大自然的聲音和氣味帶進你感到安全的場域中，並逐漸接觸更自然的體驗。

或許你對自然有某一種類型的強烈偏好，我們很早就明白人類會尋找適合自己個性的環境。例如：外向的人對於社交和活動的需求比內向的人更高，參與這些活動之後的快樂感也更多，而內向的人通常感到疲憊或負擔，外向的人在咖啡館等喧鬧場所也會覺得比較自在。事實證明，不同特質的人確實有獨特的自然偏好。文化心理學家大石茂宏及其同事進行的多項研究顯示，外向的人比內向的人更喜歡海洋，內向的人則更喜歡森林、山脈和其他更寧靜、隱蔽之處。[26]

你的個人喜好和舒適應該受到尊重，但是請稍微強迫自己一點，畢竟探索新奇的事物也是增進彈性的方式。即使進入陌生的自然生態環境會感到有點「緊張」，但我敢打包票，你很快就會適應，並開始得到壓力減輕的獎勵。

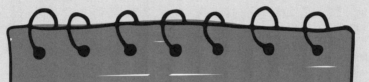

# 第六天

# 不只放鬆，還要……恢復精力

從出生的那一刻起，我們就開始呼吸。呼吸是不可或缺的生存機制，但大多數人很少花時間思考呼吸這件事。我們的呼吸過程大部分是在非自主的情況下，並由腦幹來控制。我們睡覺時呼吸、吃東西時呼吸、說話的時候也在呼吸。你當然也可以選擇刻意控制呼吸，我們經常在運動或感到煩亂時調整呼吸，好讓自己平靜下來。然而呼吸還受到許多因素的影響，卻不常被注意到。

許多研究發現，人們在工作時的呼吸會發生變化，每一分鐘的呼吸次數變多，呼吸也較淺。也就是說我們工作時呼吸得更快，其中甚至還有一種稱為「電郵窒息」（email apnea）的現象，意思是當你檢查電子郵件時，可能會屏住呼吸。

而在我們保持緊張狀態時（壓力基準線較高），通常每分鐘呼吸的次數也較多，也呼吸得比較淺。面對壓力時，我們的呼吸變得又淺又急——微微喘氣，而且通常用嘴巴呼吸。這種呼吸方式同時也會引發身體的壓力反應[1]，淺而急促的呼吸向身體傳達準備行動的訊號，有點像比較小型的戰或逃狀況，提醒身體保持警戒。我們的呼吸模式——通常非自主且大多在無意識之下，既會受到壓力和緊張的影響，也會影響身體的應對機制。最後呈現一種「壓力循環」——壓力引發急促淺短的呼吸模式以及無意識的短暫憋氣，結果反過來促使身體處於交感神經系統的啟動狀態，最後讓我們進入了「橘色」精神狀態，介於認知負荷與壓力激起的中間狀態。

那麼，請問：

你會憋氣到什麼程度？

你的呼吸是深還是淺？

你的身體有多緊繃？胸口呢？

此時此刻，你是否完全呼吸了呢？

## 問題就在我們沒有得到真正的休息

當你思考上述的問題後，是否注意到什麼？你是否發現自己的肩膀緊繃？身體向前傾？你的呼吸是緩慢而完整還是急促又輕淺？現在請你暫停一下，深吸一口氣——吸氣吸到無法再吸進空氣為止，然後呼氣——呼到無法再吐出為止，然後思考一下，這和你平常的呼吸有什麼不一樣？

這種神經系統不斷受到激發的黃色精神狀態，以及隨之而來的急促、含氧量不足的淺呼吸，對我們來說早已習以為常，甚至誤以為這就是我們的壓力基準線。因此當面對一段高壓期，或日常的壓力源觸發神經系統中的交感神經積極運作，我們的緊繃情緒甚至更加升高，直接抵達紅色精神狀態。於是等我們冷靜下來回到黃色精神狀態時，會感覺自己已經「放鬆」，但問題是我們沒有，或許更精準的說法是我們只是「放鬆」到原本的預設狀態，只是我們的預設狀態還不夠放鬆。

然而僅僅回到壓力基準線還不夠，我們需要達到比慣性的壓力基準線更低，如此才能——真正的休息，或者如我在本書前段所描述的「深度休息」或「藍色心境」狀態。一旦能夠進入這種深度的休息狀態，就能為我們帶來身心都迫切需要的生理修復，也能幫助我們擺脫壓力基準線過高的困擾。

倘若能夠進入藍色心境，即使只是很短的時間，就能為身心注入活力，也有可能降低我們預設的壓力基準線。如同我們在本書一開始所討論的，降低預設的壓力基準線，能使我們的神經系統以更健康、更能持續下去的方式運作。

我們不會一直進行深度休息，那是不可能的事。但是你知道大多數人多久會深度休息一次嗎？幾乎從來沒有過。

所以，我今天想要談談深度休息這件事。倘若我們想要過著活力充沛的生活，同時具備良好的抗壓力，深度休息就不能可有可無，而是必須具備的事。它就像我們需要氧氣一樣，事實上深度休息和氧氣有很大的關係。

持續的高壓狀態表示我們經常淺呼吸，也連帶造成細胞的慢性磨損。而黃色精神狀態會很快耗盡我們的心力，一天結束後，我們感到筋疲力竭；一週結束後，甚至覺得自己根本沒「充電」。我們需要休息一下，讓身心真正重新啟動並調整。我們需要為身、心以及細胞修復製造機會，讓它們恢復活力，而這正是我們長久以來所忽略的關鍵事項。我們的壓力基準線主導著呼吸頻率，在此透露一個祕密：我們需要的深度休息其實也和呼吸有關。

進入深度休息時，我們的呼吸頻率變得緩慢，使得更多氧氣在肺部和血管之間進行交換，一氧化氮的濃度升高導致血管擴張，讓血液和氧氣更快地流經體內。血壓下降，心率也下降。這些生理過程都和呼吸模式緊密相關，而身體發生的這些變化，也正顯示出我們進入了藍色精神狀態——一種真正放鬆的深度休息狀態。

我們該怎麼做到呢？

## 深度休息比你想得更困難！

躺在沙發上看喜愛的節目、帶著狗散步或跑步、煮一頓你喜歡的美食並沉浸在準備食物的氣味和觸感中、工作時休息一下，觀看社群媒體並傳訊息給朋友。

這些事情聽起來都滿放鬆的，不是嗎？

我們都會犯的一個錯誤，就是將休息、休閒與真正的修復混為一談。從工作或照護中休息一下，做喜歡的事，像是和你愛的人共度時光，享受閱讀和電影，這些都很重要！也都是一種放鬆的形式，屬於綠色精神狀態。不過這些不會為你帶來深度修復，原因有二。第一，你的大腦可能還是忙於運作；第二，你還是很忙。當你什麼事也不做，就只是待著，不管是坐著還是躺著，以開放的態度讓注意力放在除了腦海裡以外的事情上，就是最容易實現藍色精神狀態的時候。人們為了放鬆所做的很多事情，其實並不是真正的放鬆，雖然還是有一些幫助，然而和深度休息相比就顯得粗淺。綠色精神狀態和藍色精神狀態之間，有著很大的差異。

回想一個讓你真正感到完全放鬆的時刻，讓你感覺到身心完全擺脫工作，得到徹底的休息。或許是一個特定的地方——很多人都說大自然，我們也從前一個章節看到，自然的確能夠引發這類型的藍色精神狀態。或許是你「不在」某個地方——可能是遠離平常的忙碌慌張和生活瑣事，畢竟如果我們被成堆需要折疊的衣服包圍，或是電腦一直收到電子郵件、不斷傳來提醒聲，我們通常也不會達到深度放鬆的狀態。或許是一種安心的感覺，因為感到安全是深度放鬆的先決條件。深度休息經常和身體上的孤立並論，是一種「感官的縮窄」，甚至剝奪、缺乏刺激。我們處於一種接受的覺察狀態（不是翹首期盼、想要知道未來，而是向後傾或躺平），一種注意力開放、漫遊的漂浮感，沒有什麼特別擔心的事或是困在反覆糾結裡，反而做著白日夢，隨心所欲地幻想，平靜地讓思緒油然而生和消散。

當我請大家回想深度放鬆的經驗時，有些人的回答是某一次的度假——真正遠離塵囂，有些人會說是自然之旅，也有人說是身體按摩，對我來說則是瑜伽課的最後結束。大部分的瑜伽課程會以一種稱為大休息或「攤屍式」（corpse pose）的姿勢作為結束，這時躺在地上什麼也不做，但同時為身體重新注滿能量。攤屍式結束後，我不情願地重新振作，繼續一天的生活，不過確實感受到平靜並再度充滿活力。這種深度放鬆的狀態是進行瑜伽、冥想或氣功等身心鍛鍊之後的典型現象，如果你曾經感受過，想必也不希望它結束！這就是藍色心境。一段完全擺脫忙碌思考、清醒和警覺的片刻。

你可能經歷過很多次這樣的經驗，也可能沒有，都沒關係。大多數人無論是每週或每年，都很難有這樣的經歷。休息，似乎應該是最容易做到的事——自然而然、輕鬆、自動，實際上卻是最具挑戰性的事情之一。因為抽出時間很難，「什麼都不做」更難。儘管我們很想好好休息，卻也沒辦法一屁股坐進沙發就很快進入深度休息，我們的大腦和身體沒辦法這麼快速、輕易地停歇下來。因此，身心鍛鍊的一些活動的確能有所幫助。攤屍式被認為是瑜伽中最重要也最具挑戰性的姿勢，聽起來有點不可置信，因為有些瑜伽姿勢必須具備驚人的力量和靈活度。然而攤屍式的中心思想是放手，完全交出控制權並真正地放鬆。攤屍式被放在瑜伽練習的最後也是有原因的——放手是如此地不容易，我們需要做好身心的準備才能做到。

## 深度休息的細胞生物學

深度休息時，大腦和身體會產生與警戒狀態恰恰相反的獨特運作。之前我們探討了急性壓力之後會產生「清理」的恢復過程，引起細胞啟動清除機制，吞噬自由基並處理內部的廢棄物和殺死老細胞。這種經由正向壓力引發的清理過程，對身體細胞極為有益。不過深度休息具備完全不同的作用，甚至更好。

深度休息能夠啟動身體的生理修復，增進生長賀爾蒙與性賀爾蒙，隨著這些賀爾蒙的增加，身體的復原、治癒與再生能力就會更好。而清醒時進入深度休息狀態，能夠為身心建立非常有效的恢復機制。睡眠時也有一個深度休息階段，稱為深度睡眠階段（又稱為「慢波睡眠」），這是最能恢復活力的狀態，因為這時腦脊髓液會清除大腦中的類澱粉蛋白（amyloid proteins）和其他廢物。

壓力科學領域評估深度休息所帶來影響時，所使用的方式之一，就是研究參與靜心活動的人。靜心活動有很多不同的型式，通常是由受過訓練的專業人員所舉辦的冥想活動或禪修班，不過這只是其中的一部分。「靜心」這兩個字的真正含意，可以是簡單地讓自己脫離平常充滿要求和刺激的環境，例如一個人獨自住在森林小屋中。

靜修中心則提供理想的環境，可以讓人比平常更放鬆。這是一段被呵護的時間，你豎立起屬於自己的邊牆，所以很安全。你和經常刺激交感神經系統的事物完全隔絕（例如：工作、電子郵件、科技、對家人的照護、棘手的關係，任何平常可能觸發你進入壓力喚起狀態的一切）。

我深知靜心的效果，因為我在靜心期間感受到最深度的休息狀態，效果甚至持續好幾個星期。從長遠的效益來看，非常值得為靜心或其他型態的冥想提前騰出時間，無論是正式的集體活動或只是在森林裡度過週末。我們很少先考慮進行這類嚴禁科技並完全以休息為宗旨的「停機時間」，然而我們需要這麼做。雖然我們現在沒有一週的時間遠離日常的瑣事和紛紛擾擾，不過我們擁有現在這個當下——在你閱讀這個章節時，可以花幾分鐘的時間嘗試新練習。我們能否在非常短的時間裡培養一種「靜心」狀態？不需要請一個星期的假，而且現在就可以進行？每天也可以做得到？

## 「靜心」的心理狀態

人類大腦是位於幽暗頭骨中的孤立器官，完全依賴各感官輸入的訊息來得知當下的狀況，接著再整合所有的訊息並預測可能發生的事。從根本上來說，情緒，是大腦根據身體傳送的各訊號以及過往類似情況的記憶，所做出回應的最佳猜測。[2]舉例而言，如果你在工作中需要不斷處理接二連三的問題——回覆很難搞的電子郵件，那麼下一次再聽到電腦傳來新郵件的通知聲時，你可能發現自己在打開郵件之前有點緊張和惶恐。大腦的反應來自經驗和習慣，然而我們可以打破這個循環，將原有的經驗和習慣導向休息狀態的反應。

我們可以透過改變大腦從身體獲取的訊息，來轉化大腦的運作和壓力觸發基準線的慣性狀態，藉由身體的經驗向大腦輸送「更正」訊號，建立新的內感受線索，進而塑造現在的感受。換句話說，假使增加的所有線索都在告知大腦我們很安全、我們很舒適，現在除了放鬆之外沒有其他需要做的事，就能強化大腦的新認知。我們可以透過昏暗的燈光或黑暗空間、鬆軟的枕頭或眼罩、在某個安全且獨立的房間、具療癒效果的圖像或符號……這些都能對大腦發出訊號，告訴它可以卸下警戒並放鬆。在這樣的狀態下，我們的身體最終也能得到休息。因為它覺察到自己處於安全的環境，進而將能量用在細胞內部的清理。重要的是，這個結果會影響到之後的運作。深度休息的經驗會留下記憶，影響大腦未來再次經歷同樣感官和內感受線索時的預測。

靜心讓深度休息變得更容易，若是每天都能創造出這種「休養生息」的心態，那就太好了！我自己會在睡前的放鬆儀式裡嘗試這麼做，不過無論你身在何處，都可以營造類似的體驗。想要成功達到靜心狀態，不妨試試以下幾個成功的要件：

拋開所有的責任義務，將手機和電話都關機——理想的狀況是連查看來電都要避免；保有安全的社交空間——無論是想要舒服地獨處、有人默默相伴，或者是和有相似目標的人在一起都可以。神經系統在這些狀況下都能夠進行重新調整，因為我們切斷了所有的壓力來源，重新與自我和內在的平靜產生連結。透過消除外界需求，龐大的認知負荷減輕了，若能長期這麼做，也可以消除累積的無意識壓力。

靜心時，細胞會產生什麼樣的變化呢？這正是我和同事們與魯迪・譚茲（Rudy Tanzi）博士、艾瑞克・沙德（Eric Schadt）博士共同攜手合作的實驗調查之一。[3]艾瑞克是一位數學家，他可以透過精細的模組辨識出兩萬多組基因在活動中的變化模式。我們針對這項研究（即〈第一天〉中提到的研究）招募了一群從未接觸過冥想、完全是新手的參與者，然後將他們全部帶到度假中心，再將這群人分成兩組。其中一組在那週接受狄帕克・喬布拉（Deepak Chopra）和其他老師的靜坐冥想訓練，另一組則單純地住在美麗的度假中心，但吃同樣的阿育吠陀養生餐，並在同樣美麗的土地上漫步，每個人都完全脫離工作、手機和電腦。

事實證明，無論是否接受冥想訓練，光是住在度假中心就能讓免疫細胞中的基因活動產生令人驚訝的轉變，甚至連精於演算和統計科學的機器學習（machine learning）都認為住進度假村之後的評估準確性幾乎達到百分之九十六。更簡單地說，就是住在度假村之後的細胞活動從參與者第一天入住開始，就有一百八十度的轉變。我們也觀察到他們的發炎指數、氧化壓力、DNA損傷和粒線體的數量減少，皆呈現下降的趨勢。這都是好消息！此外，與自噬相關的作用（細胞清理的有益過程）則有所增加。兩組人都說一週之後感覺充滿活力，憂鬱、焦慮和壓力感都大幅減少。關鍵是——不需要學習冥想就能擁有健康。我們只是讓大家在一個優美的環境中放鬆（禁止接收電子郵件），就讓身體產生快速且驚人的變化。

正念和冥想訓練也有深刻的影響。專注於內在冥想練習的人和處於高壓環境中的人相較，他們的意念和神經系統顯然有非常鮮明的不同。練習冥想或正念確實有好處，在我的同儕艾密特・伯恩斯坦（Amit Bernstein）教授為難民舉辦的正念冥想課程中，一位上完整個課程的年輕人形容自己的感覺，他說：「這是一種讓心靈能夠休息的狀態，在心靈得到休息之後，你才能夠擁有非常清晰、明確的思考狀態。這個課程對我來說就像是一帖藥。或許對你們而言是一種難能可貴的奢侈體驗，但對我卻是藥，我把它當成治癒的藥來使用。」[4]

## 休息的權利

從個人歷史和社會結構因素來看，並非每個人都擁有平等的休息機會。每個人都有各自需要面對的挑戰，也有各自的獨特性，神經系統的修復調整不同、觸發因素不同，能安撫我們、讓我們感到安全的事情也不一樣。我們之中有百分之三十的人曾經歷童年創傷，這代表大多數人對日常壓力源更感覺受到威脅且充滿警覺。[5]我們現在也知道，早年歷經創傷的人特別能夠從帶來深度休息的練習中受益。

休息是關乎社會正義的問題——深度休息受到社會經濟層面和種族的障礙，並非每一個人都具備獲得充足睡眠的自由和能力。被邊緣化的群體（特別是美國的黑人），無法享有公平的休息權利。許多研究揭露，和美國白人相比，美國的黑人、拉丁裔族群和亞裔的睡眠時間比較短，睡眠品質也較差。[6]崔夏・荷喜（Tricia Hersey）是一位表演者和社區治療師，基於睡眠是一種抵抗力的理念，崔夏創立了「休息一下」（Nap Ministry）。[7]正如她在網站上所說的：「我們相信休息是一種精神實踐、種族正義和社會正義的議題。」

深度休息是一項權益，不是一種奢侈，這樣的觀念有待於我們在科學（和具體數據）的帶領下，做出社會與文化上的改變。大多數人都有睡眠方面的問題，這是因為人類普遍性的大腦運作方式——傾向於隨時保持警戒的黃色精神狀態，以及社會的導向及工作壓力。休息——真正的休息、深度休息，本身就是一帖良藥，我們需要讓每一個人都能擁有。除了思考如何為自己挪出更多休息時間之外，也可以想想自己在日常生活中是否也能散播影響力，支持他人獲得所需的休息。可能是你的家人，或擴展到朋友、為你工作的人或弱勢者。或者，你有什麼能為休息權利倡議的方法嗎？

只要觀察你對建議花時間深度休息的反應，就可以發現自己抗拒休息的想法有多麼根深蒂固。在閱讀這個章節時，你有多少次發現自己想著「我沒有時間休息」，或者「我可以跳過這個章節」，或「我不能休息，其他賺得比我多的人都還在工作」，或是「等我完成這件事之後再說吧！」？假若你發現自己說了以上任何一句話，那你就更應該休息了。

因為這關係到你的健康、你的生活。關乎你的人生目標、你的感受和你的能力。深度休息是一種預防措施，就像刷牙一樣，是每天必須做的事。而每天的抗壓有助於我們的健康、生活品質，以及對世界產生影響的能力——無論你的影響範圍有多大。**如果你現在不願花時間照護自我（包括深度休息），那麼以後就得被迫花時間治病。**我們每一天都可能為早衰和疾病準備溫床，或者可以為恢復活力和健康打造基石，為自己充電。

## 從呼吸到深度休息……就從現在開始

創造深度休息的方式不只一個——很多方法都可以。可能是一次長時間的靜心、健身結束後，或在瑜伽課程結束前的大休息時。或者是深入大自然，當身體的運作和自然世界融為一體時。所有這些活動都會產生一個常見的變化：呼吸變得緩慢有節奏，導致迷走神經的張力增大（副交感神經作用增強到交感神經的平衡），體內的氧氣含量增加。

一旦我們創造一個適合深度休息的理想狀態時——感到安心、進行身心方面的鍛鍊或在大自然中，我們的呼吸通常也會隨著身體的調整而自然改變。不過，我們今天要來翻轉這一點，改由先從呼吸開始。這種呼吸方式能使身體想要進入深度休息狀態，它會向身體發出訊號，告訴身體可以休息了，什麼都可以放下。這與透過冥想等「由上而下」的方式來建立休息心態不同，我們採取的是「由下而上」的方式，透過呼吸，改變我們的精神和身體狀態。事實也證明，呼吸是引發深度休息最快也最直接的途徑。所以不去度假中心也沒關係，你可以把度假中心帶到你眼前，而且只需要呼吸就可以了。

呼吸練習是改變生理狀態最有效也最快速的方法，而且效果驚人。我們可以控制自己的呼吸，這也代表我們可以控制體內自主神經系統的狀態，甚至是意識的狀態。藉由改變呼吸方式，也能影響情緒狀態，讓我們感到更平靜、喜樂與祥和。

首先，我們需要理解自己大部分時間的呼吸方式可能不正確。因為我們平時的呼吸大多比較短淺——完全就是橘色心理的狀態，介於比理想的壓力觸發基準線更高一點的位置，也常常用嘴巴呼吸。透過鼻子呼吸可以讓鼻竇帶進一氧化氮，讓一氧化氮進入肺部，達到健康的血管舒張效果。身兼記者與《三．三秒的呼吸奧祕》作者的詹姆斯．奈斯特（James Nestor）進行了個人的研究（拿自己當實驗的意思！），他用膠帶封住鼻子長達十天，這期間只能用嘴巴呼吸。[8]結果不但和他設想的狀況一致，而且還更糟。他不但感到焦慮，身體受到交感神經的支配導致腎上腺素激增，也睡得不好。他的鼾聲從每晚幾分鐘變成了每晚好幾個小時，甚至出現睡眠呼吸中止症。一回到用鼻子呼吸之後，所有的狀況就都消失了！

現在的盛行趨勢是使用特殊膠帶在睡眠時保持嘴巴的閉合，像是由呼吸專家派屈克．麥基翁（Patrick McKeown）所發明的 MyoTape 膠帶。在治癒了本身的氣喘問題後，麥基翁決定致力於正確呼吸的宣導，向大眾說明改變呼吸如何有助於解決許多健康問題。[9]呼吸生理學雖然迷人卻無比複雜，幸好實際做起來非常簡單優雅。請試試下一頁麥基翁稱為「輕、慢、深」（Light, Slow, and Deep，簡稱 LSD）的呼吸方式。千萬不要大口呼吸，因為透過嘴巴大口呼吸會造成過度呼吸、血管變窄以及血液中的含氧量減少，而輕柔的呼吸能讓血液中含有更多的氧氣。那麼麥基翁的呼吸法與我們平常的呼吸有什麼不同之處呢？「輕、慢、深」呼吸是在可容忍的空氣飢渴狀態下，增加肺部和血液中的二氧化碳，進而讓呼吸慢下來。剛開始的時候可能會覺得不太舒服，但隨著二氧化碳的耐受力提升之後，就會容易多了。

麥基翁建議一開始要和緩地進行，每次三十秒，中間休息一分鐘。他提議從輕微的呼吸開始，然後慢慢提升下肋骨的擴張和收縮，最後減慢呼吸的速度並保持最小的呼吸量。這麼做能使呼吸的生物化學、生物力學機制以及頻率正常化。輕、慢的鼻呼吸與腹式呼吸奠定了日常呼吸的基礎。這也是我們應該盡可能做到的呼吸方式。

**好好呼吸**

坐直，保持呼吸道的暢通；挺胸、收下巴。嘴巴閉合，用鼻子呼吸。輕輕地輕鬆呼吸，採用「輕、慢、深」的方法：

- **輕**輕地呼吸——輕柔地、和緩地、平靜地
- **慢**慢地呼吸
- **深**呼吸——讓空氣進入腹部（肋骨向兩側撐開）

大多數人都不知道只要透過呼吸，就能夠大幅控制體內的神經系統。藉由簡單改變呼吸的頻率，就可以控制肺部、血液以及組織中的氧氣和二氧化碳含量。人類幾千年來一直透過呼吸來增進能量、放鬆、甚至產生狂喜的狀態。我們可以透過呼吸產生一系列令人難以置信的生理和心理狀態。可以讓你放鬆（真的！），增加毒物興奮壓力（如前面所描述的文恩．霍夫方式），還能夠藉由呼吸模式達到壓力反應的高峰。此外還有其他不同的呼吸模式，像是整體自療呼吸法（holotropic breathing），或瑜伽中的昆達里尼呼吸法（kundalini breathing），都能夠大幅改變我們的意識狀態和情緒狀態。運用呼吸，我們可以感受到一切，從壓力到幸福，再到深度放鬆。

今天的呼吸練習即將展開，其中會牽涉到短暫的屏息。為什麼呢？這是因為我們屏息時（即使時間非常短暫）能增加血液中的二氧化碳含量，促使帶氧的血紅素將氧氣釋放到身體血液和組織中。簡而言之，就是能夠短暫增加身體和大腦的氧氣量。高含氧量不僅可以讓人充滿活力，又可以達到放鬆、減輕壓力、促進平靜、頭腦清晰和專注的效果。事實證明，短時間的屏息可以提高我們的「二氧化碳耐受力」，而二氧化碳的耐受力越高，焦慮感就會越低。接下來，我們將進行短暫的屏息練習。

緩慢呼吸的相關研究顯示，參與者經由引導後，呼氣的時間比吸氣的時間長，幾乎可以立即改變自主神經系統的運作。[10]當呼吸的速度減緩，身體的其他部分也會隨之變化：心率降低、大腦的$\alpha$波變長，整體感覺到幸福和放鬆。其中，更高的心率變異性尤為重要，因為心率變異性（也稱為「迷走神經張力」）增加時，會向大腦發送安全訊號，這時過度勞累的交感神經系統就能得到休息，細胞的代謝率跟著降低，讓細胞得以休養生息，重新恢復活力。根據許多研究證實，持續一個月每週幾次、每次十五分鐘（實際長度因研究而異），進行每分鐘十次或更少的緩慢呼吸，能降低約六分之一點的收縮壓。研究人員也普遍認為呼吸越慢越好，若能將呼吸減少到每分鐘六次，就更能增加心率變異性並降低血壓，也就是所謂的「共振呼吸」或「迷走呼吸」。

人類的正常呼吸頻率是每分鐘十二到二十次，平均約十六次。有些人的呼吸會介於過度換氣邊緣，通常在黃色精神壓力的狀態下，呼吸會變得太快、太淺。而當我們的呼吸過於短淺時，身體就會產生壓力反應，形成惡性循環。

我們大都處於黃色精神狀態或更警覺的狀態下，這是人類的生存機制使然，我們對威脅的注意力更高，因為威脅比安全和愛的微妙訊號更加顯著。所以我們需要刻意營造一個安全的氛圍，好讓自己的身體長時間處於壓力基準線之下。這比自動做出壓力反應所需要的努力更大，深度休息需要刻意營造，也需要時間。

所以，我希望大家今天就開始嘗試盡可能減緩呼吸的速度。在接下來的練習中，我們也將學習一種緩慢但具恢復效果的呼吸方式，而且是你做得到也應該做的。任何時候需要進行神經系統的調整時，都可以利用這個呼吸方式。雖然接下來的練習不太可能讓你進入深度休息狀態（除非連帶調整其他的因素），但它能夠抑止慢性神經系統的激發運作。你的呼吸，是永遠可以運用的強效壓力解方！

## 讓我們回顧一下

當呼吸短淺時，會向身體發出壓力訊號。而當我們長時間呼氣時，就會向身體發出安全訊號，這時副交感神經系統的運作活躍，心率變異性上升（這是好事喔！），迷走神經張力也獲得改善。改變呼吸方式除了可以改變心理狀態，也可以改變身體的壓力喚醒狀態，還可以消除焦慮，讓我們放鬆、正向、有韌性。

光是放鬆還不夠，因為它不會積極改變我們的壓力預設基準線，而且壓力預設基準線通常會更接近壓力而不是休息的基準，因此我們會一直承受壓力，很難進入需要的藍色精神狀態並獲得真正的恢復。為了改變壓力預設基準線的位置，我們需要一個恢復期。若能有一個較長的恢復，效果會很好；但即使是短暫的恢復期也大有幫助，就算是迷你型的靜心也很有用。現在，就讓我們好好呼吸一下！

今日練習題：讓呼吸帶你進入深度休息

## 救難包小技巧：進入深度休息狀態

這個練習有幾個先決條件。深度休息不會在收發電子郵件、傳簡訊或接電話時發生，也不會在我們感到不安全或不安的情況下產生，它需要隱蔽、安全和脫離日常義務需求的環境。所以第一個步驟是準備一個空間並和你的身體產生連結。如一行禪師所言：「深呼吸，讓你的思緒回到你的身體。」

### 準備一個空間

選擇一個能夠容納你的處所，這個地方要能讓你感覺最安全、最放鬆，是你最有可能擁有隱私並遠離工作、家務或其他義務責任的地方。無論你選擇的是什麼地方，都應該相對安靜，而且沒有其他雜物。

你需要躺下來，所以請準備瑜伽墊或毯子，或任何能讓你比較舒服的東西。如果有眼罩、重力毯或能支撐頸部或膝蓋的枕頭，都可以使用。不過，基本上可以在沒有任何輔助道具下進行。我聽說一位忙碌家長的選擇是浴室（這是唯一不會有人打擾她的地方！），然後把一條大浴巾扔在地板上。

### 恢復呼吸（四－六－八）

請回想我們在「好好呼吸」段落中提到的緩慢、深入的刻意呼吸（如果需要複習的話，請翻到第二三二頁）。當我們記得放慢呼吸時，這就是我們一整天要做的事。在短暫的呼吸練習之後，現在要做更深入的部分，目的是傾注所有的注意力，以增加迷走神經張力和氧氣。

請設定五分鐘的計時器（我建議可以花點時間選擇柔和的音樂或歌曲，但一樣要在五分鐘的時間內），接著躺在墊子或毯子上。如果想要舒適一點，也可以使用枕頭支撐頸部或頭部。閉上眼睛，在腦海中放下那個裝滿磚頭的手提箱（我們在〈第二天〉章節中提到的那個）。現在，在接下來的五分鐘：

- 用鼻子吸氣四秒鐘。
- 屏息六秒鐘。
- 非常緩慢地呼氣八秒鐘。可以試著在呼氣的時候噘起嘴，這樣可以減慢呼吸，進行起來會覺得容易些。

**吸氣四秒、屏息六秒、呼氣八秒**，重複這樣的模式，再試著深入呼吸，讓空氣進入橫膈膜，想像空氣滲透到你的全身，到達指尖和腳趾末端。

對許多人來說，就算只是幾分鐘的深度放鬆呼吸，都能夠對神經系統產生深刻的影響，發揮「重置」的作用。我希望經過這個練習之後，你能夠充滿活力地繼續這一天，感到安心，而且黃色精神狀態越來越少。不過，若是你在第一天看不到立竿見影的效果，也請不要急著放棄，因為這份影響力會隨著時間越來越明顯。如果練習中感覺到不舒服，可以先從四－四－六的模式開始進行（吸氣四秒、屏息四秒、呼氣六秒）。請輕柔地呼吸，不要放棄！

## 特別練習題

### 加上五分鐘的正念練習

倘若還有更多時間，請在呼吸練習之外多進行五到十分鐘的正念冥想。

研究顯示，即使是短暫的定期正念練習，也都具備提高專注力與減壓的效果，還能夠讓你深入探索自己的思想和身體中所存在的壓力源。

概括來說，正念是在一種不帶批判且心懷善意的心態下，對當前所進行的關注體驗。聽起來簡單，但做起來並不容易。因此，請以百分之百的完整投入和百分之百的寬容心來做這件事，因為這件事只會做好，沒辦法做得很「糟糕」。身體會自己呼吸，所以我們需要做的就是在過程中觀察，好好享受這個豐富深刻且放鬆的經驗。

**專注呼吸**。（不必數數，只要自然呼吸就好）在呼和吸之間，注意和呼吸相關的身體感受。當你開始分心、擔心某件事或思緒飛到其他地方時，請將注意力轉回到呼吸和身體的感受上。

**關注你的身體感受：**

- 你感受到什麼？是充滿活力呢？還是體力不支？你能感受到身體內的靜默能量嗎？可能感覺像低沉的聲音、嗡嗡聲或振動。你還覺得有壓力嗎？還記得我們在〈第一天〉進行的「收和放」練習嗎？這部分非常適合在這裡施行。當你呼吸時，全面檢視覺察身體是否還存有壓力？如果有，請釋放出來。也請注意任何輕鬆的感覺。

- 吸氣時，請想著「重新恢復精神」這句話，然後吐氣、思考、放鬆。或是想像一個色環或曼陀羅，隨著每一次的吸氣和呼氣擴大和縮小。**你能讓你的神經系統再繼續放鬆百分之五嗎？**

最後，如果可以的話，請為明天留出放鬆的空間，並計劃在同一時間再次進行此練習。這樣我們的身體就會受到制約，慢慢地能夠自動放鬆。因此請讓我們利用這一個優勢，在同一時間、同一個空間進行這個練習，並透過感官的觸發（精油香氛或平靜舒緩的聲音），加上時間的累積和重複練習，就能引發身體更快進入休息和恢復活力的狀態。

## 找出問題來

### 倘若呼吸讓你感到焦慮……

如果你仔細研究呼吸，就會發現對許多人來說，一開始接觸緩慢呼吸的方式時，可能會出現輕微的過度換氣現象（頭暈、刺痛、緊繃），這是因為血液中的二氧化碳減少的關係。意思是我們可能因此感到焦慮，而不是放鬆，這對罹患氣喘或焦慮症的人尤其嚴重。不過這有一個快速的解決辦法，我知道聽起來似乎違反邏輯，但是輕淺、自然、緩慢地呼吸能有所幫助，避免深呼吸。這些呼吸的建議，能夠幫助大家立刻從迷走呼吸中受益。[11]

有些人可能有高度的焦慮敏感性，有時稱為「對恐懼的恐懼」——即無法忍受焦慮的身體症狀。舉例來說，感覺自己的心跳加快可能讓你更焦慮。我們發現在新冠疫情期間，高焦慮敏感性的人會出現更嚴重的焦慮和憂鬱症狀，也表示就診的次數更多。[12]倘若你屬於高焦慮敏感，那就更需要訓練自己呼吸得更長但更慢。患有恐慌症的人若能以這種方法改變呼吸，在導致換氣不足的極端情況下，甚至可以減少恐慌的發作。[13]

不過在呼吸訓練的研究中，人們的狀況在好轉之前有時候會先變得更糟。例如在針對緩慢、共振呼吸（每分鐘呼吸六次）的研究裡，參與者（特別是高度焦慮者）在第一次開始訓練時，會出現更多過度換氣的跡象，但幾週之後就覺得更輕鬆了。因此，練習時請將步調放慢，堅持下去，謹記在感覺好轉之前可能會覺得很糟，但一切都是值得的。

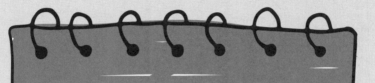

第七天

# 飽滿的開始，圓滿的結束

早晨睜開眼睛後，你想的第一件事情是什麼？

你是被鬧鐘的聲音叫醒然後立刻想：「現在幾點？我遲到了嗎？」還是翻個身拿起手機？或是被孩子的聲音或寵物的叫聲喚醒？你一早醒來就開始思考當天的工作順序以及該如何完成每一件事嗎？

一早醒來當然是要神清氣爽地迎接嶄新的一天，因為今天是一個新的開始，一個充滿可能性的篇章！但事實並非如此，我們有各種憂慮需要處理——昨天沒處理完的和今天新增的。

然而我們醒來的方式，也就是睜開眼睛後（或勉強睜開）的最初幾分鐘，對接下來的這一天有著巨大的影響，事實上對我們的抗壓性和生理也是；而我們如何結束這一天也是一樣。你可以把這兩個短暫的時間想成兩個書擋——一個是早上的第一件事，另一個則是晚上的最後一件事，中間則是構成這一天的日常。這兩個短暫的片刻非常重要，關乎你如何在所有事情發生之前調整好自己，以應對即將到來的一天；關乎你在一天結束時，如何放鬆並反思這一天，想要特別關注的又是什麼。

如何醒來迎接這一天，會影響你面對壓力源的反應。而你如何放鬆，則會影響你的睡眠和恢復狀態。一天開始和結束時的這些選擇，也可能會影響粒線體（細胞

「電池」）的功能，這些選擇可以讓你感到更快樂。而我們探討的就是快樂，因為你在一天中享有的快樂越多，壓力就越少。

## 幸福處方

我們都知道，當感覺擁有更多快樂——不是短暫的喜悅，而是亞里斯多德所謂的「幸福」（譯註：eudaemonia，從事有意義的活動所感受到的快樂），或「有目的的幸福」，我們的抗壓力會變得更強，原因很簡單，因為我們不再感覺到那麼多壓力，也不需要努力思考該如何反應，或是應該多快恢復。因為快樂勝過了壓力，對壓力就變得免疫了！

我們在本書的一開始就討論到很多壓力源自於不確定性，因為擔心可能發生的事、不可測的未知，以及精心安排的計畫可能會出錯等等。另一個看待的方式，則是我們大多數的壓力來源都來自愛，之所以感到壓力，是因為關心和在意。我們被愛所驅使，愛是生活的動力，也是僅次於恐懼的主要力量。我們感到壓力和擔憂，是因為我們關心所愛的人，我們在意自己有沒有做好工作，關心我們居住的這個國家和所在的這個星球。我們關心的事情實在太多太多了，也有太多事情可能會出錯，所以很容易覺得自己被淹沒，就像壓力太大、太多、太讓人難以承受。

Google前元老級軟體工程師陳一鳴（Chade-Meng Tan）對此有一個美麗的譬喻，他說：「我們的一生就像在一艘小船上，我們的小船在大海中航行，穿越許多驚濤大浪，但它一直浮在水面上！只有船進水了才會下沉。如果你的小船正在下沉，問題不在於水，水本來就存在，問題在於它進到船裡。」

我們都被壓力和痛苦的汪洋所環繞，那片汪洋會一直都在，我們也不可能把它抽乾，況且也不必這麼做。因為問題不在於汪洋，只有在汪洋的水滲透進來時，問題才會出現。那麼，我們該如何保有心理韌性呢？該如何把水擋在外面，讓小船保持漂浮？

這是一個大哉問。有些日子會讓我們感到困難重重，就像整天都在拚命救這艘小船，但它卻幾乎無法浮在水面上。每個人的心理韌性都受到許多因素的影響，有些是我們無法控制的，像是基因、過去的經歷及其加諸在我們身上的影響，還有社會經濟環境等等。其他則是可以透過努力改變的，像是我們的心態以及專注力。我們也在本書中看到有些方法能夠改變壓力反應，幫助我們的小船漂浮得更好、更輕鬆。不過研究顯示，培養壓力韌性最有效的方式之一，就是專注在幸福上。更精確的說法，是關注生活中的正向事物，並把重心放在創造正向的未來。

是不是很簡單！而且還有科學上的認證——幸福會讓你的船漂浮。

今天是我們共處的最後一天，我希望也是最有趣的一天。所以幸福就是今天的焦點，我們將透過不同方式達成這個目標。我們將探討能創造真正幸福和生活滿意感的大小事，能夠緩衝壓力，能真正讓我們的小船漂浮。我將分享一些可以輕易融入生活的小事，這些小事可以增加生活的樂趣——小小行動，大大有用。我們的練習也將集中在一天的兩個書擋上——醒來的最初幾分鐘，以及睡前的最後幾分鐘。

請把這些當成一天當中的加壓止血點——只要你知道應該在哪裡付出一點努力，你的整個神經系統就會做出回應。

## 「壓力習慣」與快樂

參與我們壓力實驗研究的人，每天會收到兩次簡訊，我們會請參與者在手機上填寫問卷，早上一次、晚上一次。我們想要知道參與者醒來時的第一個想法，以及入睡前的最後一個想法。

早上的問卷內容如下：

- 你對今天有多期待？
- 你對今天有多擔心害怕？
- 你有多麼快樂或滿足？
- 你有多麼擔憂、焦慮或感到壓力？

在一天結束之前，我們又問一次：

- 今天讓你覺得最有壓力的事情是什麼？
- 你在事後還會回想起這件事嗎？花了多長的時間呢？
- 今天發生最正向的事情是什麼？
- 你告訴任何人今天發生的好事了嗎？

我和團隊們從問卷中獲得非常豐富的數據，這些問題的答案顯示出人們的「壓力習慣」，我們之所以稱它為壓力習慣，是因為即使每一天都是全新的一天（尤其是當天隨機發生的事），我們都會有一種慣性思考方式——如果醒來時覺得正面積極，很可能大多數時候都是如此。

當我們將問卷調查的結果與實驗室記錄的客觀生理數據結合時，就能看出為何有些人能夠擁有可以幫助他們撐過一天壓力的正向情緒。根據日常情緒的研究顯示，尤其是在辛苦的一天過後，正向情緒較低（或負面情緒較高）的人，長期的健康狀況會比較差，可能出現憂鬱、心臟疾病，甚至死亡。[1]另一項研究結果指出，那些在實驗室中接受壓力源並保持正向態度的人，出現發炎症狀的機率較小，在接下來兩年中罹患憂鬱症的機率也比較低。[2]這和我們在〈第三天〉討論的正向壓力反應相同——感到挑戰、自信和希望。

當我們感受到正向情緒時（從滿足感、社交連結上的滿意到感官的愉悅），就能立刻和壓力脫鉤。幸福的情緒能對身體產生生理上的影響，就像走進綠色森林深處或練習緩慢呼吸一樣。幸福能夠緩解壓力，減弱壓力對身體的影響[3]，而且對患有慢性疾病的人特別有效，因為壓力很容易讓人忽略生活中的其他正向事物。

幸福對於認知也有具體的影響，換句話說，幸福感能夠影響大腦的運作，特別是你的注意力。正向情緒（快樂、幸福、滿足、輕鬆）就像一種解毒劑，對於人類大腦傾向糾結和鑽牛角尖的思緒尤其有效。快樂和幸福擴大了我們的注意力，同時增進適應能力，讓我們能夠換個角度重新思考問題，而不是頑固不化地糾結在同一個關卡上。[4] 重新建構——在糟糕的情況下找出一線希望，需要運用一些腦力，也需要足夠的認知頻寬才能完成。舉例來說，你可能對因為疫情而被取消的聚會或其他事情感到沮喪，但轉個念，你想：「好吧，我一直想要有更多時間來陪伴孩子，現在終於有時間了，況且他們一下子就會長大！」那些在問卷中認為自己普遍感到幸福的人，往往具備更寬廣的視野和心理空間才得以做出這樣的轉念，因轉念進而增進了滿足感之後，就更能夠緩解壓力。正向、幸福的情緒也會減緩我們對下一次壓力事件發生時的反應。[5] 除此之外，轉念還有認知上的其他益處——我們會變得更有創造力，更能夠好好地解決問題，也更容易與他人產生連結。[6]

正向心態甚至會對身體健康產生影響，它具有抗炎作用，可以緩解壓力的影響，因此即使在生活中經歷過重重逆境，也不太可能出現嚴重的全身炎症反應。[7] 擁有高度正向情緒甚至有預防一般感冒的效果，可見對你的免疫力有大大好處！[2] 一項以健康和其他控制因素的綜合分析發現，正向心態也和壽命的延長有關。[9] 正向情緒越高，壽命就越長。

關於幸福和快樂的科學證明非常清楚——它有益於思想、有益於身體，也有益於抗壓。那我們該如何擁有更多的幸福和快樂呢？

## 幸福無法追逐

你知道耶魯大學最受歡迎的課程是什麼嗎？幸福學。那柏克萊大學呢？幸福學。哈佛呢？還是幸福學。雖然課程的名稱和內容不盡相同，但是全都聚焦在幸福的組成元素，這也是密西根大學的開課目標。史丹佛大學呢？史丹佛大學歷史上最受歡迎的課始終都是……壓力！行為生物學是這堂課的實際名稱，並由壓力研究先驅羅伯．薩波斯基（Robert Sapolsky）博士授課。這堂課啟發了我，讓我致力於生活的探究，致力於理解痛苦與愛以及如何活得更好。在那堂課裡，學生們瞭解到自己其實和穿上衣服的猴子沒什麼不同，我們都受到神經系統、賀爾蒙、神經傳導物質和其他無形的生存本能所影響和驅使，而且比我們知道的或想知道的還要更深遠。然而，我們可以超越生物學的框架，過更有意義的精神生活。

矛盾的是，幸福雖然是紓緩壓力的解藥，卻無法尋找。研究顯示，如果你說：「我的目標是快樂幸福」，那麼你實際上更有可能實現相反的目標。在哈佛教幸福課程的塔爾・班夏哈（Tal Ben-Shahar）在描述追求幸福的謬論時，這樣說道：「你無法直視太陽，但是可以吸收它的光。」雖然「追求幸福」已經融入美國獨立宣言的語句之中，但調查顯示積極追求幸福、過度重視幸福或相信自己應該得到幸福的人，大多都是最不快樂的人。聽起來是不是有點矛盾？

正向情緒的確非常強大，卻無法引領我們直接找到幸福，我們必須知道是什麼因素創造出幸福。

班夏哈教授用「SPIRE」這五個字母的縮寫來形容幸福的要素，分別代表精神（spirituality）、身體（physical activity）、智識（intellectual activity）、高品質關係（high-quality relationships，換句話說是深刻的而不是膚淺的）和正向情緒（positive emotional experiences）。這些幸福要素涵蓋了生活的許多領域，也不可能在一天內完全達標，我提出來只是希望提醒大家幸福真正的來處，也希望有助於辨認已經存在我們生活中，但可能被忽略或想放大的要素。與其追逐抽象的「幸福」，不如刻意將自己置於這些「SPIRE」的經驗裡，為未來建立長期的幸福基礎。

當我們將注意力聚焦在「已經擁有」的一些經驗時，滿足感就會被放大，而知足是一種持久且堅固的幸福形式，通常也更容易取得。「知足」的幸福永遠都存在。

## 快樂是一種內在工作

真正的快樂不是能買到或得到的東西——而是發自內心。倘若你在西方文化中成長，可能很難相信這樣的說法，畢竟這與我們接受的社會或媒體薰陶恰恰相反。

瑞士的達沃斯曾在幾年前舉辦了世界經濟論壇，我有幸參與了其中關於壓力韌性的靜修帶領。這是一個全球金融企業集團的年度會議，會中除了備受矚目的公開演講之外，還有非常多的密室會談，包括收購、合併的討論以及其他影響全球經濟的計畫。但我參與的靜修帶領我遠離喧鬧的會議中心，位於一個可以清楚欣賞到阿爾卑斯山全景的滑雪小屋。在寂靜的小屋中，我們聆聽藏傳佛教導師措尼仁波切講解幸福的真諦。仁波切分享到，真正的幸福不是透過物質的擁有和成就所獲取，而是在這裡（他指著他的心）。幸福就在每個人的心裡，等待著被發現並散發出來。

聽眾席上的一位男士舉起手，他用力搖頭說：「不、不、不，我們以成就為導向，從達成目標中獲得滿足感，而且我們確實能從物質上獲得滿足，這就是帶給我們幸福的東西。」

這番話讓有些人點頭，有些人搖頭，但大家的注意力都集中在一個人身上，屋裡一片靜默。

仁波切露出微笑，開心地走向提出問題的人。這個畫面吸引著我的目光，一位穿著黑西裝的執行長，和穿著紅色袈裟的僧侶面對面。

「我看到 iPad 的新廣告。」仁波切說：「在廣告中拿著 iPad 的男士非常迷人，年輕、健壯，有著像洗衣板一樣的腹肌，我也想成為像他一樣的人。所以我也買了 iPad，握著它的感覺真好，我覺得自己的肚子也精壯起來。但是當我低頭一看，我的肚子又圓又軟啊！」

仁波切笑著撫摸著自己的肚子，每個人都笑了，氣氛頓時輕鬆起來。

「但後來我的 iPad 摔壞了，現在我閃亮的 iPad 損傷了，我的快樂也消失了。」

這是一個簡單的故事，幾乎可以說是一個寓言。仁波切接著更深入探討了將幸福和物質或特定目標劃上等號的問題。掌握和實現目標能讓我們暫時感覺良好，也可以成為通往幸福和人生意義的道路之一，但我們也必須看到全貌。我們不可能一直不斷追求更好的，以為只要得到這些錢或東西（一台 iPad、一間房子、一輛車、甚至是一份工作）就會幸福。因為永遠都會有新東西、更棒或更大的事物，也會有人比我們更有成就。

除了才剛實現的目標之外，也總是會出現另一個目標。如同我們在先前所說的，我們不能讓自己的幸福快樂仰賴無法控制的外在世界。我們可以雄心勃勃，以成就為導向，但不能把太多的幸福和自我價值寄託在想要得到或做到的事情上面。而讓我們感到驚訝的是，獲得幸福快樂最好的方式，就是認同自我的負面或困頓情緒，並接受。

措尼仁波切接著帶領大家進行「和情緒握手」的冥想活動。[10]首先回想最近一次的情緒壓力經驗，透過記憶重溫事件的經過並關注身體的感受。接著，不要像以往那樣試圖趕走負面情緒，而改以溫和與敞開的態度進行探索，迎接並歡迎任何發生的情緒。仁波切稱此為「友善的怪物」，因為這些棘手的情緒訪客帶來洞察力與智慧。當你以開放的態度覺察這些負面情緒時，就能夠緩和這些情緒，甚至擁抱並湧生感謝。神經科學中有一種類似但更簡單的做法，稱為「情感標籤」，我們會要求你用文字描述當下的感受——害怕、尷尬、嫉妒。而當我們不抗拒或逃避負面情緒，而是面對和擁抱負面情緒時，就消除了促使它們激發的能量。隨著負面情緒的消失，我們也就能從紅色心理轉變為黃色心理狀態。另外，從研究中也顯示，我們能感受和辨識的情緒類型越多，壓力韌性就越強，發炎的機率也會比較低。[11]就如同生物多樣性的道理一樣，情緒多樣性可能也是適應力的指標，辨識情緒能有助於增加情緒的多樣性。

這裡的重點在於，談到幸福時只著重在追逐物質的享受是行不通的，逃避痛苦和壓力也不會有幫助。最有效的，是滿足和快樂。

## 享樂和快樂的平衡

享樂和快樂對我們的幸福感都很重要，但是享樂是短暫的。我們經常透過消耗東西來享樂（像是食物、性愛、消費品），這些會促進多巴胺……讓我們感覺很好。多巴胺的刺激增強了想要再次尋求那種體驗的慾望，這對長期幸福來說並非總是最佳選項，因為消費帶來的快樂無法長久，很快就會消退，即使經歷過一次狂喜，那種快樂到最後也會下降到平常的喜悅程度。但從另一方面來看，我們也能很快從悲劇事件中恢復過來。這種現象稱為「享樂適應」。我們都見過中了好幾億樂透彩和突然癱瘓的人，在幾年之後回歸到他們的幸福基準線。

但我要說：快樂並沒有什麼不好！洗一個香氛浴、品嚐美味佳餚、享受按摩、聽音樂等感官享受，都是豐富人類生活不可或缺的一部分，也都能夠減輕壓力。因為感官享受也是重新調整神經系統的好方法。另一個高效方法是性愛，這也是人類大腦追求享樂的驚奇方式。根據性相關的研究顯示，性愛和促進心血管健康有關，並有緩解壓力的作用。例如：我們的身體在性高潮或親密接觸時會釋放催產素，又稱為「愛情賀爾蒙」，有降低血壓的功效。我們在照料兒童的父母研究中也發現，性行為頻繁的夫妻往往有更長的端粒細胞和健康的代謝系統。

雖然性行為在某種程度上仍然是一個禁忌話題，但無論是夫妻（伴侶）性行為或單獨性行為，都是一種健康的行為，應該被列入減緩壓力的快速方法之一。一項針對夫妻的研究發現，對性愛高度滿足的夫妻，壓力指數比較低。[12]一項研究自慰動機並以德國女性為調查對象的結果顯示[13]，百分之六十七的人表示她們會為了放鬆和降低壓力而享受自我的愉悅，這幾乎和純粹追求性滿足的機率相同（百分之六十九）。

能減輕壓力的並不一定是性行為本身，而是著名心理治療師和關係專家埃斯特．沛瑞爾（Esther Perel）所說的「情色的感官愉悅」。她描述了由個人開啟的情色感官體驗：「情色的自我照護始於減少內在的自我批評，允許自己感覺到自我的美，享受自己的陪伴，更能同理自己並接受真實的自我。」[14]所有的注意力、沉浸其中和令人愉悅的感官體驗，都會帶來某種快樂——可能微妙或強烈，可能平靜或欣喜若狂。比如剛出爐的美味巧克力餅乾的味道；夏日夜晚坐在戶外，微風吹拂肌膚的輕柔感受；在浴室裡好好洗一個放鬆的熱水澡。我們越能停下腳步，專注地感受、體驗、珍惜這些片刻，就越能夠感覺到幸福——這就是壓力的融解器。

我們絕對應該鼓勵自己去珍惜和感受這些感官愉悅、深觸心靈及享受當下的時刻，同時也應當提醒自己，透過消費或獲得某樣東西的快樂是短暫無常的，不斷地追求這種快樂不會帶給我們長久的滿足感，唯有持續的滿足感才是真正的幸福基石。事實上，過度尋求享樂會讓我們感到痛苦，也是造成許多成癮行為的緣由[15]，就像搭雲霄飛車一樣，一旦衝到最頂端的高潮過後，就不可避免地會遇到低潮。

## 走下雲霄飛車

觀察情緒波動的新研究顯示，穩定的情緒比劇烈變動的正向情緒更健康。即使你經歷了很多「高峰」，但事實證明一天中歷經情緒的起伏越多，就會越痛苦，而且心理狀況越差[16]、迷走神經張力也越低。[17]而經常性的正向情緒高低起伏，甚至與早期死亡有關。[18]

所以我們的目標不是對準巨大的高峰！因為有高峰必有低谷，起起落落更是一種坎坷。我們的目標應該是能持續且夠高的正向情緒，這來自於更穩定的快樂來源，像是滿足感、知足和平靜。科學研究也證明，這些對於因應日常壓力的效能極為有效。

我們的目標是「幸福感」，這與感到滿足、對生活滿意以及充滿目標有關。這份幸福感根植於你與他人的關係和連結，更重要的是必須能夠「延續」。享樂性的幸福（透過享樂和享受的經驗所獲得的幸福）是由多巴胺的傳導刺激而來，而滿足感的幸福則是血清素的調節。[19]滿足感的幸福能夠持久延續，不會像享樂型幸福會遭受情緒起伏的影響。

我們都希望擁有良好的感覺，但是穩定、不會劇烈波動的正向情緒，才是我們想要培養的，不但能夠獲取而且具持續性，對身心都有益處。

聽起來很棒。那該從哪裡獲得呢？

通往永續幸福的道路有很多不同路徑。我是美國國家衛生研究院情緒健康研究的一員，我們的首要任務就是總結出一個大家都同意的定義。我所屬的小組最終總算達成共識，認為：情緒健康是一種組成，包括了我們當下的感覺，以及對於人生整體的感受；涵蓋了經驗部分，例如日常的情緒和反思——像是對生活的滿意度、社會關係，以及人生意義和我們追求超越自我目標的能力。因此，快樂的感覺只是整體幸福的一部分，卻也是重要的基石。

強化以下任何一個部分，都能夠增進幸福：

- 覺察感到滿足、快樂或感恩的時刻。
- 擁有正向的社會連結關係。
- 醒來時，感受到當日的使命感。

我想在這裡強調一個重要觀點——無論我們的處境如何，每個人都能夠隨時擁有快樂的感覺。還記得我的朋友布萊恩嗎？我在稍早的篇幅中曾提到他。他在非常年輕的時候被徵召進入蘇聯軍隊，並被派駐到地球上最險惡、荒涼之地。他被迫和家人分開，每天處於必須求生存的環境，甚至擔心再也見不到自己最愛的人。他不斷受到嚴寒、疲憊的工作和乏味的勞動所困，但當他徹底接受眼前的處境是自己無法控制的之後，反而能夠應對得更好。布萊恩放棄了與無法改變的事抗爭，同時學到寶貴的一課，知道應該把自己的精力投注於何處以及如何保持心理韌性和穩定，以度過艱困時期。現在即使發生意外、壓力或可怕的事情，布萊恩不會讓自己硬碰硬地試圖想要改變無能為力的事。他知道何時該致力於改變，何時該適應和接受。這是一項寶貴的技能，讓我不得不讚嘆布萊恩真是太厲害了！但真正讓我驚豔的，是他的快樂能力——即使在最不確定性的高壓環境之下，布萊恩似乎有用不完的快樂。他告訴我，一旦接受了自己的處境之後，他在多年的長期服役中總是能夠找到快樂。甚至是之前從未感到開心的小事，也開始為他帶來大大的喜悅。在每星期一次的休假日裡，布萊恩會去散步，享受自己能隨心所欲做想做的事的單純幸福——之前他一直視為理所當然。他可以走進小市場瀏覽各種食物，買想買的東西，陶醉在各種不同的味道之中。也可以停下腳步和在街上遇到的人聊天，就算只是短暫的交談聊聊天氣之類，都能讓布萊恩覺得無比地欣喜，只因為自己能夠和一個善意的陌生人隨意交談。歷經一週的嚴格行程、感官剝奪和惡劣的氣候之後，每一個小小的快樂似乎都被放大了，變得更悅耳、更明亮，也更美麗。

布萊恩現在住在舊金山，過著舒適的生活——不再需要北極苔原上的任何救生裝備。不過他依然保有放大生活小確幸的能力，珍惜那些可能不小心就輕易錯過的片刻與經驗。他現在明白這些都彌足珍貴，也是生活的「動力」。

我不會假裝每個人在生活中都受到平等的對待，當然不是這樣。有些人不得不踏上一條比其他人更崎嶇的道路，然而這條路上還是會有一些美麗的風景。而有些人的道路確實非常平坦，這條路能看到令人驚嘆的風景，一路上只有些一跨即過的小坑洞。但另外有一些人則可以克服一路上的崎嶇不平和上坡的荊棘滿布，然後只因為離開時在岩石縫裡發現了一朵盛開的花，而感到無比開心。越像最後這些人，我們的心理韌性就會越強大，科學也證實了這一點。

好萊塢演員金．凱瑞曾經說：「我認為每一個人都應該變得富有和有名氣，做他們夢想的所有一切。這樣，他們就會發現這並不是答案。」名譽和財富並不會自動帶來幸福，但許多人還是汲汲追求這兩者。從文化上來看，我們相信能帶來幸福的東西，和真正能為我們帶來幸福的東西，兩者之間有著很深的鴻溝。基本的需求能滿足我們的健康和安全感，不過基本需求得到滿足之後，更高的收入不見得就能帶來更多的幸福快樂。

因為我們根本就買不到快樂，但是，我們每天都能找到它。

## 快樂在哪裡——都藏在小事裡

加州大學河濱分校的索妮亞．柳波莫斯基（Sonja Lyubomirsky）博士是這個領域的先驅之一，她在三十多年的學術生涯裡一直進行和幸福相關的實驗研究。她的研究結論之一，就是雖然我們的「幸福指數」有些取決於遺傳和生活環境，但還有很大一部分都在我們自己的掌握之下。[20]她的研究顯示，人們可以透過刻意的日常行為和長期保持這種行為來提高幸福感。還有另一個好消息：我們不一定要在生活上做出翻天覆地的大改變才能找到更多快樂，一點點小事就會不一樣。小小的善舉和同情心，就是提升幸福感的最佳方法之一。一項研究測試了為他人做好事與為自己做好事的相對比較，發現親社會行為（為他人做事）可以減輕壓力並增加正向情緒。[21]柳波莫斯基的研究也發現，善意舉動與降低發炎基因有關。[22]由此可見，對他人行善不但對他有幫助，也對你的壓力和身體有好處。

人際關係對健康和幸福也很重要。實際上，與伴侶、家人或朋友之間的堅固關係，是穩定幸福的關鍵要素之一，人際交流的正向情緒正是魔法的一部分。研究學者在實驗室中檢視夫妻如何處理衝突時發現，能夠在衝突期間「分享」正向情緒的人，他們的神經系統反應也呈現同步的狀態。而越能出現這種同步狀態，他們的夫妻關係和健康狀況就越好，甚至在之後幾年間都是如此。[23] 良好的人際關係一直都能當作預測健康和幸福的指標，和朋友、家人或另一半的關係品質越好，往往也會更健康、長壽。[24]

正向情緒擁有強大的力量，有時候關係中的小互動才最重要。即使是與陌生人短暫交流，也能為我們帶來滿滿的正能量。微笑也是快樂的泉源！真正的笑容就像在大腦中開派對——大腦透過釋放令人愉悅的腦內啡，對微笑的臉部肌肉做出反應。就如同呼吸可以「由下而上」影響神經系統一樣，微笑也能讓我們感覺更快樂。這個現象稱為「臉部回饋假說」（facial feedback hypothesis）。[25] 正如一行禪師所言：「有時候你的微笑來自於快樂，但有時候快樂也可以來自你的微笑。」

就像呼吸能夠影響神經系統，微笑也能夠影響情緒，早晨——甚至是睜開眼睛的第一分鐘，也會影響我們的一天，尤其關係到我們的抗壓性。

## 早晨和你的粒線體

我在章節的一開頭，就請大家思考自己早晨醒來時在想些什麼。在你一恢復意識時，你的腦袋到底在忙些什麼？

**現在幾點？**

**我必須在什麼時間到什麼地方？**

**我今天有什麼需要做的事？**

我有時候直接就在腦袋裡模擬第一場會議的情況，或是煩惱即將截止的期限。但我後來做了修正，因為起床後的短暫時間會對那一整天產生深刻的影響。我們的身體在那個時間裡正在進行壓力和能量系統的調整，當我們醒來或甚至更早一點（還在睡眠的無意識狀態時），體內的腎上腺素就會在血液中釋放皮質醇，皮質醇會根據大腦預測的需求來調動所需的葡萄糖（所以又稱為糖皮質素）。如果今天是個大日子，那麼最好有高標的皮質醇。當我們有大量需求而且真的需要血液中的所有葡萄糖時，這個調節就會是健康的。在醒來後約三十分鐘，體內的皮質醇就會達到高峰，而且會持續一段很長的時間。

工作壓力是影響早晨醒來後皮質醇濃度的一個重要因素。探討過度工作的議題並不容易，但我們還是需要深入討論。如果我們在工作上長期肩負著高標要求和責任，卻很少得到支持和尊重，之後就會出現研究學者所說的「努力與收穫不成正比」，亦即工作倦怠的一種形式。我們通常會在高皮質醇的狀態下醒來，然後因為過度調節而產生失衡的皮質醇反應，而且減緩的速度非常慢。這個現象特別出現在對工作過度投入的時候，而且這種投入不是奉獻，也不是我們願意的，只是因為沒辦法不去想工作，無法拋開無形的責任感而放鬆。對工作的過度投入也和睡前的高皮質醇有關，這是我們需要警惕的另一個關鍵時期。

照顧者也會受到這個早晨醒來的警訊所困擾，畢竟他們特別容易養成一早起來就開始做計畫、預期和擔憂的習慣。我們在針對健康中年父母進行研究時，會採集血液樣本來觀察他們細胞的「年輕」程度，同時也會觀察他們醒來和睡前（一天的兩個重要書擋）的思緒模式。我們接著將照顧自閉症孩子的父母和照顧一般孩子的父母做比較，發現雖然所有孩子的父母都承受著很大的壓力，但照顧自閉症孩子的父母的細胞老化速度更快，皮質醇濃度更高。

但有趣的是起床後感覺正向的父母——感到快樂、對自己身為照護者有一種使命感、在需要執行的困難任務中找到意義，或是對這一天充滿期待，他們細胞的老化特徵比較不明顯，醒來時的皮質醇濃度也比較低。這些父母有一種快樂導向的心態，同時也展現在身體上，他們也擁有更強大的心理韌性。我們發現當人們醒來時對自己的一天抱持正向的態度，或以正向情緒結束這一天，他們的粒線體會比較活躍，也有更高濃度的端粒酶，也就是「抗衰老酶」。

粒線體被稱為細胞的「發電廠」，它們就像是細胞的電池，能產生稱為「三磷酸腺苷（ATP）」的能量，為我們體內所有重要的細胞活動提供動力。當我們年輕時，粒線體很大、活動力強且效率高；但是隨著時間和年齡的增長，粒線體開始產生更多的氧化壓力。粒線體越衰老、虛弱，釋出的氧化壓力就越多，產生的能量也就越來越少。一般來說，需要照顧孩子的父母，體內的粒線體品質較低，因此導致體力較差、活力也減少。但是，擁有正向情緒的幼兒父母，和不必肩負照顧責任的父母一樣，都有高品質的粒線體。[27]那是因為正向情緒為他們帶來能抵禦壓力的盔甲，效力甚至能夠一直深入到細胞之中。

## 你的任務：飽滿的開始，圓滿的結束

一天的開始為你提供了重新調整神經系統的機會，就像手中握著溫熱的黏土，當你將注意力轉移到自己所擁有的、所愛的、期望的、讓你感到興奮和感興趣的事物時，你的這一天也會被形塑出來。而且方法可以很簡單，例如想想你有多麼期待在廚房裡啜飲一杯咖啡，或是摟摟心愛的毛小孩。一天的結束也會對我們產生強烈的影響，我們希望上床睡覺時腦袋不會一片混亂，或是還糾結著白天發生的負面事件。我們需要放鬆，先進行恢復，才不會整個晚上都不知不覺地被壓力籠罩。在今天的練習中，我希望大家能在睡前嘗試一個簡單的儀式，這個儀式的目的在於改變你的心態，調整你對身體和周遭環境的感受，並向你的身體發出可以放鬆的訊號。

另外我會奉上額外的小禮物，邀請你檢視今天注意到的任何一點快樂火花。我們在本書中所做的所有努力都非常重要，你也持續在學習幫助自己減少被壓力激發的方法，但快樂的奇妙之處就在於，我們不需要減輕壓力就能夠增加快樂。因為壓力根本不會被激發——而是我們把壓力基準線降低了，低到很難看到「紅色」。

而幸福的神奇之處，就在它可以增強你的抗壓性，為你提供精神上和感情上的深厚儲備能力。當壓力源引發我們的威脅反應時，是因為我們沒做好適當的「心理檢傷分類」——我們認為某件事具有威脅性時，其實只要能夠放大視野並換個角度來看，可能就會發現它是個挑戰，不是威脅。我們不需要驚慌，也不需要啟動強烈的威脅壓力反應。幸福和感恩為我們儲備了大量的能量，為我們的電池充電。兩者也為我們提供了穩固的基石，給了我們能夠放大視野的能力，以健康的角度看待挑戰，保持彈性和心理韌性。

所以，今日的練習將請你懷抱著感恩醒來和躺下，並專注在對你有意義的事物上。請在早上想想你所期待的事，在晚上反思經歷過的任何愉快和滿足片刻。即使在艱難的一天裡，若是仔細檢視，還是能找出愉快和滿足的時候，然後花點時間好好專注在這些片刻上，或許就能成為讓第二天過得更好的原因，因為我們將會以更強的韌性、更開放的心胸和快樂來迎接另一天。

## 今日練習題：幸福書擋

### 救難包小技巧：漂浮在快樂中

根據研究證實，感恩是改變觀點最有效的方法。即使是高中學生，每個星期十分鐘的感恩活動（寫信給教練、老師、朋友表達特定的感謝），也能增進生活和情感聯繫的滿足感。[28]感恩能夠消除「享樂適應」，這是一種受到多方證實的效應，是一種愉悅事件過後，很快就回復到平常情緒基準線的情緒。我們可以透過專注於生活中大大小小的正面事物，來對抗享樂適應，而且我們也知道在一天的開始和結束時來做這件事，是最有效的時間。你可以把這兩個時間視為幸福的書擋。今日的練習分為兩個部分——晨間練習和晚間練習。

#### 晨間練習

一早醒來，在還沒起床之前、拿起手機之前，在你做任何事情之前，請先花五分鐘為今天設定一個正向循環的開始。你可以在床上坐起，讓自己清醒一點，透過緩慢輕鬆的呼吸慢慢喚醒自己，迎接嶄新的一天和清新的空氣。之後再進行三次專注的緩慢呼吸，然後問自己：

- 我對今天有什麼期待？
- 有什麼值得我感恩的嗎？

答案可能很簡單，像是「我期待喝一杯特濃咖啡」、「我期待另一半已經買好早餐，這樣我今天就可以有更多的私人時間」、「我很開心今天能和我關心的人一起共進午餐」。期待今天的各個層面，而不是把精力花在計劃或擔心困難的事情上，只感受到一天的問題重重。這是用「正向枕頭」來緩衝一天的好方法。每天累積一些小確幸，就能振奮我們的精神，這對心理健康非常重要。

倘若你一醒來就想著今天需要做什麼（待辦清單就這麼在你的腦海中不斷增加），別擔心，那也沒關係，那是我們自然的預設思考模式。只要提醒自己，這一天中還有哪些你關心的事、對你來說重要的事，感受更多的日常目標，提醒自己為什麼某些事務或職責對我們來說特別有意義，可以減輕我們的壓力，甚至跟長壽有關。

現在，就算你拿起手機了，也還不到把事情搞砸的地步。請查看你覺得必須做的事，然後放下手機，花幾分鐘設定你的正向循環。

**晚間練習**

當你爬上床，請花五分鐘進行快樂練習。你需要做的是讓大腦填滿今天發生過的好事。

- 今天讓我覺得感恩的事是什麼？
- 有沒有哪些事情比我預期的還要好？
- 今天有哪些事情讓我露出微笑或感覺良好？我今天讓誰微笑了嗎？

就算這一天再艱難，只要回想起這些微小片刻——和關心的人相擁、與店員的善意互動、和同事一起説笑、一朵美麗的花、一隻可愛的貓或狗。那麼即使是最微不足道的小事，也能在此轉化成強大的力量。

最後，請記住，思緒會不斷地重複與糾結，你必須讓它為你工作，而不是對你不利。今晚入睡前，請想想上面這幾個問題的答案，讓腦海中充滿今天為你帶來歡樂的片刻，因為你會想讓這份快樂再延續久一點。然後讓你的身體感到滿足和放鬆，這就是我們的「圓滿結束」。

## 特別練習題

**讓你的幸福書擋成為全家人的事。**

試著在晚餐時間問上面的問題，再讓每個人輪流回答。

**在睡前延長放鬆時間，以獲得更大的效果。**

睡前一小時是關鍵期，這是你進入高品質睡眠的開始，能幫助你減輕第二天的壓力。透過寧靜時刻營造一個安全、僻靜的環境，列出明天的待辦事項，然後關閉螢幕。如果你願意，可以加入關照身心的儀式，例如：做瑜伽、伸展練習、呼吸或聆聽有療癒效果的音樂。當整個人感覺放鬆的時候，就是進行感恩練習的理想時刻。你甚至會更快入睡或睡得更好，這樣的睡眠能讓你的大腦得到更好的恢復。

**為了讓今天擁有更高的「正能量」，請想想明天可以為別人做的一件小善事。**

社交的連結為我們帶來快樂。與他人交談或為別人做一件善事——無論是分享一個微笑還是讚美，讓他們覺得自己被看見和聆聽、讓別人不再那麼孤單，這些都是小事，卻能夠為我們自己和他人製造正能量。你可以對任何人做這些事，不限於已經熟識的人。對陌生人的善意行為能夠發揮巨大的影響，更擁有情感上的感染力。

有時候當我為別人做一些小事時，我發現自己會聯想到家族歷史中發生的小善舉與恩典，以及做這些善舉的人永遠無法想像的巨大漣漪效應。那時是一八〇〇年代，我的曾祖母還只是個孩子，就已經是一名落單的難民。她沒有正確的文件，所以當她試圖登船逃到安全的地方時，一位售票員攔住她，但一旁的人卻催促售票員讓她上船，售票員猶豫片刻之後也揮揮手讓她通過。或許那位售票員不曾再想起這件事，又或許他曾想起過，我只希望他能從那一瞬間的同情中得到一些快樂，因為如果不是他，我根本不可能存在。我已故的婆婆也有類似的經驗，她小時候逃離德國時護照已經過期了，如果不是售票員的同情心還是讓她登上船，我的兒子就不會存在。我常常懷著感恩的心和驚奇的心情，想起那些很久以前的陌生人，以及他們的善舉。

或許，你今天也能找到機會為別人做點好事。

## 找出問題來

**如果你最近沒有感受到太多快樂，也不確定該從哪裡找起……**

請問問你自己：什麼能為你帶來快樂？快樂來自於你珍惜的事物，或是你在一天中發現的小奇蹟。這個問題不要只問自己一次，否則你不會得到完整的答案。問自己八次，然後每一次都盡快回答。當你需要一點鼓勵時，請使用這個方法。不要猶豫，只要寫下腦海中浮現的第一件事，然後再問自己一次。快速地一直問下去，能讓你避開內心的道德標準。就讓你的心來點驚喜吧！看看你會有什麼發現。

什麼能為你帶來快樂？＿＿＿＿＿＿＿＿

什麼能為你帶來快樂？＿＿＿＿＿＿＿＿

什麼能為你帶來快樂？＿＿＿＿＿＿

什麼能為你帶來快樂？＿＿＿＿＿＿

什麼能為你帶來快樂？＿＿＿＿＿＿

什麼能為你帶來快樂？＿＿＿＿＿＿

什麼能為你帶來快樂？＿＿＿＿＿＿

什麼能為你帶來快樂？＿＿＿＿＿＿

透過一遍又一遍的快速問答，你就不太可能準備、判斷和思考「正確」的反應，也才能夠找出真正為你帶來快樂的事物。在靜修研討中，我們會讓大家兩兩一組互相問這個問題。當人們一遍又一遍受到詰問時，自己都不知道會說出什麼來。所以他們會發現自己找到了從來都不知道的答案！也才意識到可以在之前從未發現或重視的小事中找到快樂。

而在練習之後，也出現令人驚嘆的轉變。每個人的活力增加了，房間裡的人幾乎都露出了微笑，他們不想停止交談，我們只好用「請寫下你的發現」來結束這次的活動，然後提醒他們：「現在請你將更多的注意力轉移到這些快樂時刻。」

**如果這一天過得非常糟……**

試著想想：還能從中發現任何好事嗎？有人釋出善意嗎？你是否學到了什麼？

如果你正面臨嚴峻的考驗，可能很難看到任何正向的事。儘管如此，我還是要鼓勵你試著從一天或一週中，找到一件正向的小事，然後讓自己細細地回想。我們也知道，如果你患有嚴重的憂鬱症，現在可能也無法感到好一些。所以與其等到你感覺好一點了才去做讓自己快樂的事，不如反其道而行，安排一些能讓你感覺良好的小活動，不管有什麼負面的想法和感受，都還是要進行這些活動，因為這麼做能幫助你創造正向的情緒感受，同時緩解憂鬱症狀。

這些深淵不會永遠存在，我在艱難時期總會用最喜歡的名言來提醒自己——苦難之後就會是快樂。喬安娜．梅西（Joanna Macy，美國作家、學者和環境活動家）：「崩潰並不是一件壞事，事實上對於進化和心理轉變來說，它就像敲開過小的外殼一樣重要。」珍．赫胥菲爾德（Jane Hirshfield，美國作家、詩人）：「為了得到任何東西，你必須先失去一切。」

透過逆境，我們才能成長並累積更多有意義的東西——人際關係、個人力量、智慧，但這需要時間。況且，對你而言，如何度過這一天才是應該先設立的目標。首先，也是最重要的一點：請務必自我疼惜，以最大限度的溫柔和仁慈對待自己，就像對待自己的好朋友一樣。

# 結語／更新你的解方

我們從這週一開始的使命，就是「收拾好你的救難包」，盡可能用你最需要的輕便工具來獲得休息、做好準備和恢復活力。日復一日，我們建立起新的「抗壓習慣」——練習的次數越多，這些習慣就會變得越牢固，進而取代那些無效的舊方法。我希望你在這週練習的工具和策略，能消除形成慢性壓力的最大來源——對不確定的未來和所有無法掌控的一切的擔憂、對無法如己所願的事抱持的後悔和糾結，以及試圖在腦海中獨自對抗這些事情。

這是建立抗壓性的關鍵部分。因為事實證明，我們其實經歷兩種不同類型的不確定感。由於我們無法預知未來，所以也連帶無法減少這種不確定感，而且永遠都是如此。即使在最平靜和穩定的時刻裡，這種不確定感也會始終伴隨著我們。因為這是永遠的「不可知」，我們永遠都不會知道明年、下週、明天或下一個小時會發生什麼事。但我們也必須接受這個狀況，這是人類狀態的一部分。然而除此之外，我們也都住在一個充滿不確定性的世界裡——全球社會的變動導致快速和無法預測的變化，這是全世界都會面臨到的挑戰。

我們正處於一個不尋常的歷史時刻，經歷著全新的不穩定性和不確定性，並面臨了人類生存以及地球存亡的威脅。現在，事情感覺很不穩定。這個世界——無論是物質世界、自然世界和社會世界，似乎都產生了巨大的轉變。想想每天發生在我們身上的一切——極端氣候和日益加劇的氣候危機、政治的分歧和政局的不穩定、極端主義和錯誤訊息的蔓延、一場出乎預期，沒想到有生之年會遇上的疫情，以及其他更多的威脅。

這所有的一切幾乎令人難以承受，也更令人感到謙卑。

我在研究中看到，也在周遭人們的身上觀察到，我們都迷失在這些生存危機之中，特別是年輕人。就連我們之中最具韌性的人也會感到疲憊不堪，宛如堅固的岩石被海浪侵蝕一樣。或許我們有時候會失去了意義、方向和目標，輕易就陷入絕望和災難性的想法，因為當我們感到生存受到威脅後，就很難堅定自己的立場，並以希望、韌性、彈性和健康的挑戰反應來面對未來。

但是我們仍然願意，也能做得到。我們的孩子、社區和星球，都需要我們拿出最好的自己、最具創造力的想法以及集體的行動。其中最有趣的意外轉折，就是為修復世界所做的一些事情，可能就是戰勝壓力最有效的方式。因此為了我們自己的幸福和更大的福祉，我們必須更新壓力解方，納入與大自然共處的「綠色解方」，同時好好照顧自己的身心，獲得深度的恢復和快樂。我們正要進入的未來，是一個需要所有資源來達到共存、共榮的世界，而當我們能夠擁有堅韌和平靜之時，才能全面進入「可能性」的關鍵狀態。[1]唯有在這個狀態下，我們才能夠打破個人的思考慣性，瞭解彼此的相互關連，並看到新的可能。

這也就是為什麼這一週的重點在於建立心理韌性——降低你的壓力基準線（包括你感受到的壓力和積壓在體內卻不曾感覺到的壓力）、瞭解如何進行深度修復，最後再根據現有的優秀科學，創造更健康的思考習慣。

所以，讓我們盤點一下你現在擁有的工具，並做到這一點。

## 週末盤點——你的救難包裡有些什麼？

你在閱讀這本書的過程中，總共嘗試了七種新方法，我希望這些方法都能幫助你感到更輕鬆、更有彈性、更能夠休息、更快樂，也更能「**漂浮**」起來。我希望你在結束這場抗壓訓練之後，能以一種新的方式來因應生活中的壓力：

- 意外總會發生，那也沒關係。我可以減少期待，我可以把身體向後傾，讓感受迎向我而來。
- 我可以放棄無法掌控的事物，丟掉多餘的負擔。
- 壓力也可以讓人感到興奮！我會因挑戰而感到動力和充滿活力。
- 我能夠在急性壓力下放鬆並代謝掉壓力，我的身體喜歡對好的壓力做出反應。
- 我能夠讓大自然調整我的神經系統，我就是自然的一份子。
- 我應該休息，我不再讓自己缺乏放鬆、睡眠和深度休息。
- 快樂能夠縮小壓力。我越是充滿喜樂，就越不會嘗到壓力和掙扎的苦頭。

我們在這本書的開頭說過，壓力就像我們泅泳其中的水，我們可以學習一些能讓身體在水中漂浮的技巧，讓我們能夠駕馭壓力的波濤，而不是讓它將我們淹沒吞噬。只要利用你在這一週學到的技巧，你就可以引領你的船沿著陌生的河流航行

（我喜歡這麼想）。

我們的一天和一生都有選擇，當出現支流時，我們可以選擇這條岔流或另一條，然而水流只會往一個方向去。我們無法操控水流，即使能在情況允許下稍微控制方向，卻無法逆流而上——那樣只會累壞自己。巧妙地引領自己順流而下，代表接受意外的情況，吸取沿途的經驗，以挑戰的心態面對岩石和湍流，掌控我們能做到的事，剩下的就盡量保持漂浮狀態。我們甚至可以停下來，讓水流在周圍輕輕流動。當我們向後躺，轉向綠色和藍色的精神狀態，同時感到輕鬆和滿足時，我們也正向體內的細胞發送出強烈訊息，告訴它們：休息和恢復的時間到了。

我們很容易就感到無法承受，把時間花在紅色和黃色精神狀態。若能意識到事情總是不斷變化，我們無法掌控未來，只能盡力而為，我們就能以開放的態度看待即將發生的事以及隱藏在每一天的快樂。

以下是幫助你一目了然的壓力解方，你可以看到每項解方的名稱，引發你的記憶。不妨將它貼在你的冰箱上！

| 第一天 | 第二天 | 第三天 | 第四天 | 第五天 | 第六天 | 第七天 |
|---|---|---|---|---|---|---|
| 擁抱<br>不確定性 | 放下<br>你無法掌控的 | 在挑戰中<br>發現興奮的事 | 代謝<br>身體的壓力 | 沉浸<br>在大自然中 | 體驗<br>深度休息 | 建立<br>幸福的書擋 |
| 釋放<br>體內的壓力 | 壓力盤點 | 壓力防護罩 | 毒物興奮壓力 | 感官的接收 | 修復呼吸 | 飽滿的開始，<br>圓滿的結束 |
| • 辨識內在壓力<br>• 找出你的期待和擔憂<br>• 呼吸與釋放 | • 簡化：我可以從中刪除什麼？<br>• 增加：什麼最重要？<br>• 放下：我能接受的是什麼？ | • 正向壓力心態<br>• 重新肯定你的價值<br>• 回想你的資源並重新調整心理韌性 | • 高強度間歇訓練或快走<br>• 冷水澡<br>• 三溫暖<br>• 在不舒適圈中放鬆 | • 原始大自然<br>• 都市中的自然<br>• 居家庇護所 | • 健康呼吸（延長、緩慢、深入）<br>• 4-6-8，為重新調整而呼吸<br>• 放鬆的迷走呼吸 | • 找到快樂<br>• 實踐生活目標<br>• 表達感恩<br>• 對自己和他人的善意 |

以上的壓力「解方」是你應對不可知未來的技能，為了戰勝未來的挑戰，我們需要冷靜並具有彈性的心理狀態，最後，還需要希望。

## 「積極希望」能幫助你漂浮

極端的不確定性會導致人類最重要的韌性來源——人類和未來的根本希望遭到破壞。而希望不只是一種感覺，也是一種行動力，猶如喬安娜·梅西所稱的「積極希望」，她的描述中包括自我照顧和其他照護。簡而言之，就是照顧好自己、騰出時間恢復並找到恢復的方式，例如做出改變、推動對你而言的重要事件——無論你覺得多麼渺小，因為這麼做能幫助你，而且這件事會漸漸累積，最後也會對所有人有幫助。梅西每天都發願更新目標並調整行動，達賴喇嘛也每天發願，這麼做幫助他過著有目標與盡力而為的生活。在與達賴喇嘛的對話中，我問到面對目前面臨的迫切生存問題，該如何抱持希望。他回答：找出並專注於已經取得的任何一點點進步，這樣可以為我們帶來一些空間，感受到勇氣與自信，這是希望所需要的夥伴。另一種選擇是將注意力放在問題上，但這麼做會影響我們的思緒，讓我們無法理智清晰地進行思考。達賴喇嘛分享了自己日常的做法——每天早上念誦印度大師寂天（Shantideva）的經文。「給我勇氣和信心的是不斷湧上的熱情，我發現反思這些經文非常有幫助，我們需要的是一種定期更新正向意圖的方式。」達賴喇嘛指出一段特別的經文：「世界上所有的幸福都來自於渴望他人能夠幸福。」[2]他接著解釋：「如果我們太過關注自己，我們在今生也不會幸福。反之，關心其他人的福祉，才是通往大樂的大門。」[3]

現在是一段艱難的時期，每天的發願是對壓力練習的明智之舉，也是能夠讓我們飽滿開啟每一天的方式。如果發願對你有幫助，或是你已經在宗教傳統中設立了一個願望，請就這麼做。我喜歡嘗試新鮮事，也喜歡學學其他人用的方式。以下是我在開啟每一天時最喜歡用的祈禱文，由波蘭詩人帕德萊格・歐圖瑪（Pádraig Ó Tuama）所寫：[4]

我們獨自開啟每一天，用所有的潛力和可能性向生命致敬。
我們帶著希望開啟新的一天，知道這一天能夠充滿愛、仁慈、寬恕和正義。
願我們為意料之外的事物騰出空間，願我們在意外中找到智慧與生命。

積極希望比抽象的希望更強大，它很耐用，也充滿了關懷的行動。它不會輕易丟失，也不會被不確定性和威脅侵蝕沖刷。它具有高度的情緒傳染力，能夠啟發其他人也跟著這麼做。它能引起社會改革，也是緩解壓力、痛苦、悲傷、焦慮和憤怒最有效的方式之一。這就是為什麼我們在最後還能添加一種抗壓工具——使命感。

你的救難包很輕，但使命感會讓它變得更輕巧。請把它想成像氦氣一樣，可以讓你的步伐更輕快，並鼓舞你向前行。

## 抬頭望向你的「北極星」

我們之前討論到如何盡可能消除壓力，尤其是那些自己加諸在自己身上，並認為「必須」做的壓力。社會義務就屬於這一類，還有一些其他想要「跟上」的事，譬如我們因為感受到他人的期待，而在工作上或社區中增加自己的責任和壓力。我們將針對這點進行探討，並希望能消除一些壓力，留下一點喘息的空間，讓我們思考：「什麼對我來說很重要？我想將一輩子的心力放在什麼地方？指引我方向的北極星在哪裡？」

人們經常對我說他們正處於「生存模式」，覺得自己的生活一團糟，沒辦法再承擔任何的負荷。但凡從自己的角度看事情，總會錯失客觀，如果能做一些關乎自己以外的事，就能為我們帶來積極希望和目標，實際上也可以振奮精神並減輕壓力。

或許最能夠讓我們好好承受壓力的關鍵，就是目標。

你不需要深思熟慮一切就能擁有目標。我們經常以這樣的心態度日——我要先讓自己的生活井然有序，然後再考慮做一些一直想做的事，這樣才是最好的安排。但其實你不需要整頓好日常的戲劇性發展，因為這些會一直發生。

我永遠都記得二〇二〇年夏末的那個早晨，我們一群人在宛如火星般的西岸醒來，天空一片磚紅色，空氣中充滿毒害，毀滅性野火產生的濃煙密布在舊金山上空，遮蔽了天空中的太陽，郵差先生在早上十點鐘就得帶著頭燈投遞郵件。我對這些日益嚴重的氣候問題感到苦惱，擔心的程度也與日俱增。我更常思考這個問題，也更想要進一步探討，但我已經「分身乏術」了。

身兼教授、教學和管理實驗室的工作以及家中的照護者，這些角色的工作要求一如既往地繁重。但在某個時刻，我意識到自己不能再這樣生活下去，我決定跨界，從氣候擔憂者轉變為氣候鬥士，用所有的方法盡一己之力。

這是一個充滿挑戰的任務，因為氣候危機似乎勢不可擋。我們的情緒可能像節拍器那樣，在絕望和悲傷到希望和喜悅之間來回擺動，讓我們感覺自己也跟著搖擺。我們需要做出許許多多大大小小的改變，但又很難感覺到你做的事正在產生影響力，即使腦袋中有一些想法，但又覺得還不夠完整可行。透過量子社會變革理論，我興起了強烈的希望，讓我看到從改變局部做起——在我們自己所能影響的範圍之內，實際上會產生具感染力的漣漪效應。[5]透過這樣的方式，我們就可以一起改變文化的各個層面。即使看不到自己的影響力，或是在我們的有生之年還激不起漣漪，我們做的事依然非常重要。

我正展開一項行動，讓人們將氣候焦慮轉為氣候行動力。這項行動的目的在於提供資訊和技能，同時鼓勵大家放下絕望和不知所措的感覺，挺身而出，做出改變。我們採用了書中不斷探討的理念——在悲傷和憤怒中保持愉悅，從與他人合作中感受到力量與目標，並將量子社會變革理論真正付諸行動。我不知道最後的結果會是什麼，但我確實明白，要減少對地球氣候的絕望，最好方法就是透過和氣候相關的行動。

科學明明白白表達了一件事：人生目標就是壓力的緩解劑。在研究氣候問題時，我感覺到一股嗡嗡作響的正能量，我正努力生活著，如果早知道地球就快要滅亡，我會更早這麼做。這樣的確定感——我正在做一些對我非常重要的事，幫助我更能好好面對、處理生活中的其他不確定。

或許你已經致力於感受到強烈使命感的事，如果還沒有，請考慮一下你一直想去做的事。即使每週只花一個小時的時間去做，也會很有意義。

倘若你每天已經忙得不可開交，在忙碌的日子裡加上更多事聽起來好像不可行。所以除了增加新事務之外，還有其他可以緩解壓力的方法。有時候我們只需覺察到自己已經在做的事情，覺察這些事情可能會對他人產生意義，這樣就夠了。我們往往看不到自己的影響力，所以現在請花點時間，想想自己正在做的哪些事情能帶來意義。

## 你已經做出改變

每個人都有影響力。你正以無法量化的方式為周遭的世界做出貢獻，這些方式和影響力或許超出你的想像——甚至超乎你的生活。

我的父親大衛是一位退休的生物學教授，他在退休歡送會中收到一封來自學生的信，那是他二十年前教過的學生。父親很高興收到這位學生的來信，但最令人意外的是其中的隱藏影響力。

這位學生一直與嚴重的冒名頂替症候群奮戰，他來自一個小鎮，因此他在史丹佛大學裡覺得自己就像一條小魚，似乎並非真正屬於那裡，他認為史丹佛大學一定是哪裡出錯了才讓他入學。他的成績一直都是B和C，也不認為自己會是明星學生中的佼佼者。有一年暑假，他來到我父親的實驗室進行海洋生物學的研究，而且表現得很好。當我父親看到他的成績單時，他說：「這好像不太對，我瞭解你，我知道你可以做得更好。」

這位學生仔細思索我父親說的話，然後認為父親說的話可能是真的。他後來取得優異的成績，最後成為世界級的醫師。他寫這封信是想讓我的父親知道，那一次的談話為他帶來自信，並且改變了他的人生軌跡。對我父親而言。這整件事僅僅只是一次短暫的互動，是他經常與學生做的事。然而這件事產生了巨大的影響力，這封美麗的信件對我父親也產生了未知的影響。即使在退休了十年之後，我父親仍一直珍藏著這封信。

每個人都可以問自己：「除了看得到的之外，我到底還做了什麼？」

你不需要從事任何特定型態的工作才能發揮廣大的影響力，正面影響包含許多無從命名和未知的形式。藝術愛好者可以思考自己想向世界傳達的訊息；在家中撫養小孩的人可以想想自己為小傢伙付出的愛與支持，幫助小小孩成為世界上另一個以自己微小但重要的方式行善的人。「你」正在做的事情會有什麼長期的影響？你自己可能無法完全得知——那其實是一件美好的事。

我們曾談到不確定性帶來的恐懼，但不確定性還有另一種「可能」。我們不確定自己會有什麼影響力，不確定哪些小小的善意和慷慨行為能對某個人產生巨大的影響。不確定我們為共同利益所做的哪些努力會產生廣大的漣漪效應。或許影響深遠。就如同我們不確定該如何共同改變這個社會，但一切都有可能。

不確定性確實會帶來壓力——但也可能代表驚喜的大門已然敞開。未來可能帶來挑戰，但也會帶來美麗、驚嘆、敬畏、感恩與歡樂。心理韌性打開了一個充滿可能的世界。當你發現自己緊繃起來時，請試試反向的做法——釋放緊繃的壓力，放下你從未真正擁有的控制權，向不確定性微笑以對。因為不確定也代表了「自由」。

任何事都可能發生。

你的人生充滿了可能。

拿起輕盈的救難包，裡面有各種因應各類挑戰所需要的工具，跨出你的步伐，好好享受這段旅程吧！

# 致謝

我要對許多同事和朋友表達謝意，他們幫助我完成這本書，即使只是小小一本，卻需要大大的支持。首先，感謝瑞秋・紐曼（Rachel Neumann）及道格・亞伯蘭斯（Doug Abrams），謝謝他們對於壓力可以在七天內消除樂觀其成，謝謝他們對我的信任以及對本書的奉獻。我還要特別謝謝艾莉莎・尼克伯克（Alyssa Knickerbocker）出色的寫作指導以及富有感染力的歡樂。深深感謝企鵝生活出版（Penguin Life）的孫愛咪（Amy Sun），感謝她以外科手術般精準的手法策劃和編輯此書。

同樣深深感謝我的同事們，他們或多或少都以某種形式參與了這個壓力處方，包括確保研究細節轉化成正確、有用的訊息，特別是艾密特・伯恩斯坦（Amit Bernstein）、喬治・波南諾（George Bonanno）、亞歷珊卓・克羅斯威爾（Alexandra Crosswell）、阿莉雅・克拉姆（Alia Crum）、大衛・奎斯維爾（David Creswell）、瑪蒂卡・霍爾（Martica Hall）、達契爾・克特納（Dacher Keltner）、保羅・萊勒（Paul Lehrer）、羅伯・魯斯提（Robert Lustig）、索妮亞・柳波莫斯基（Sonja Lyubomirsky）、艾胥莉・梅森（Ashley Mason）、派屈克・麥基翁（Patrick McKeown）、華勒斯・尼可士（Wallace Nichols）、馬汀・皮卡德（Martin Picard）、伊萊・普特曼（Eli Puterman）、查爾斯・瑞森（Charles Raison）、邁克・薩佩羅（Michael Sapiro）、克里・薩隆（Cli Saron）、蕭娜・夏比洛（Shauna Shapiro）、艾蜜莉亞娜・西蒙・湯瑪斯（Emiliana Simon Thomas）、維特・斯崔契爾（Victor Strecher）、朱利安・賽耶（Julian Thayer）、卡珊卓・維滕（Cassandra Vieten）以及艾瑞克・齊默曼（Eric Zimmerman）。

特別感謝我在加州大學舊金山分校研究中心的親密夥伴，他們讓研究和充滿挑戰的實驗變得格外有趣。他們是艾里克・普拉瑟（Aric Prather）、溫迪・曼德斯（Wendy Mendes），以及老化、代謝和情緒中心（Aging, Metabolism and Emotion Center）的出色團隊。謝謝伊莉莎白・布雷克本（Elizabeth Blackburn）和林珏（Jue Lin）數十年的友誼與關於端粒復原力（從分子到心靈）的對話。感謝我在精神病學與行為科學部門的同儕，儘管工作沉重、視訊會議令人疲憊，但在疫情期間仍舊彼此維繫與支持。謝謝麗莎・普立茲克（Lisa Pritzker）、薩科・費雪（Sako

Fisher）、尹俊（Joon Yun）、琳恩和維克多・布里克（Lynne and Victor Brick）的特別支持。更要感謝我的終身導師南西・阿德勒（Nancy Adler）、凱莉・布勞內爾（Kelly Brownell）、菲利普・金巴多（Philip Zimbardo）和已故的亞伯特・班杜拉（Albert Bandura）。

感謝多年來直接或間接幫助我增進抗壓力的朋友和充滿智慧的老師們——詹姆斯・巴拉茲（James Baraz）、彼得與艾莉森・包曼（Peter and Alison Baumann）、馬克・高曼（Mark Coleman）、理查・戴維森（Richard Davidson）、伊芙・埃克曼（Eve Ekman）、維拉・米勒喇嘛（Lama Willa Miller）、楚純・艾利翁喇嘛（Lama Tsultrim Allione）、瓊妮・克里恩（Joanie Kriens）、傑克・康菲爾（Jack Kornfield）、楚迪・古德曼（Trudy Goodman）、羅西・瓊安・海理法斯（Roshi Joan Halifax）、史蒂芬・雷希查菲（Stephan Rechtschaffen）、安妮特・諾普（Annette Knopp）、埃絲特・沛瑞爾（Esther Perel）、傑克・紹爾（Jack Saul）、丹・席格（Dan Siegel）、坦普・史密斯（Tempel Smith）、無著比丘（Bhikkhu Anālayo）、卡洛琳・維奇（Caroline Welch）、瑞克和珍・韓森（Rick and Jan Hanson）、喬・卡巴金（Jon Kabat Zinn）威爾和泰瑞莎・卡巴金（Will and Teresa Kabat-Zin）、達拉・韋斯特羅

普（Darrah Westrup）和來自 NeuroDharma group 的同事。我要向親愛的朋友蘇珊・包爾－吳（Susan Bauer-Wu）與心靈與生命研究所（Mind & Life Institute）及指導委員會的優秀同事們致上深深一鞠躬，為我們共同創造的寶貴論壇，使得神奇的科學研究與深刻的智慧得以孕育而生。這些也形塑了我的思想和生命。

擁有一群經驗豐富的讀者協助本書早期版本的精進，是一份饋贈，特別是他們傑出的實務經驗，包括凱西・卡普蘭納（Cathy Caplener）、朗・奇亞雷洛（Ron Chiarello）、伊莉莎白・德林（Elisabeth Doehring）、安德魯・卓奇瑟（Andrew Dreitcer）、馬克・戈德利（Mark Godley）、珍妮特・依科維奇（Jeannette Ickovics）、艾咪・勞爾（Amy Lauer）、羅伯特・勒斯提（Robert Lustig）、丹・米爾（Dan Meer）、彼德・普朗佐斯（Peter Prontzos）、傑米・施密特（Jamey Schmidt）、艾莉和莉莉亞・舒曼（Ally and Lilia Shirman）、崔西・透納（Tracy Turner）、大衛・沃格（David Vogel）、茱莉亞・華勒斯（Julia Wallace），特別是琳恩・庫特勒（Lynn Kutler）。

感謝我美好的大家族——大衛和洛伊斯・艾波（David and Lois Epel）、我的姊姊莎朗・艾波（Sharon Epel），還有安卓雅・利伯斯坦（Andrea Lieberstein）、丹尼・

格拉澤（Danny Glaser），當然也包括我最心愛的傑克・格拉澤（Jack Glaser）。

最後，我想要感謝你——我的讀者，謝謝你信任我的建議，並以開放的心態接受不同的新嘗試，但願能為你珍貴的人生帶來更多自在與輕鬆。

# 延伸練習

如果你想更進一步練習我們在本書學習的技巧，我整理了一些我最喜歡的書籍和網路資源。這些資源也可以在 www.elissaepel.com 上找到，你可以輕鬆點選連結。

## 進階練習第一天的技巧：不確定性的壓力

- 瓊恩・荷里法斯，《站在邊緣之境：利他、同理心、誠正、尊重、敬業，回歸五種心理狀態本質，在恐懼與勇氣交會處找到自在》（馬可孛羅）（逆境與邊緣狀態能引領我們發揮最佳品質。）
- 詠給・明就仁波切、海倫・特寇福，《歸零，遇見真實：一位行腳僧，一六四八個「向內朝聖」的日子》（眾生）（仁波切敘述讓我們在巨大的不確定性和壓力下保持快樂的心態。）
- 任何冥想 App，例如 10% Happier、HeadSpace、the free Insight Timer，或是 Healthy Minds program app: https://hminnovations.org/meditation-app. 頂尖的佛教

導師 Bikkhu Analayo 指導關於呼吸的正念禪修：https://www.buddhistinquiry.org/resources/offerings-analayo/breathing-audio/

## 進階練習第二天的技巧：放下掌控

- 寧靜禱文（改編自戒酒互助計畫的寧靜禱文）：「願我擁有平靜，接受我無法改變的事物；擁有勇氣，改變我能夠改變的事物；並有智慧分辨其中的差異。」
- 楚純．艾利翁喇嘛（Lama Tsultrim Allione），《餵養你的惡魔：解決內在衝突的古老智慧》（暫譯，Feeding Your Demons: Ancient Wisdom for Resolving Inner Conflict），New York: Little, Brown Spark, 2008.（這種技巧利用想像力賦予形狀和顏色給我們的「惡魔」——也就是我們對關係或情況的負面情緒反應，並將它們轉化為力量。）
- 克莉絲汀娜．馬斯拉哈（Christina Maslach）、邁克爾．萊特（Michael Leiter），《疲憊挑戰：管理人們與工作的關係》（暫譯，The Burnout Challenge: Managing People's Relationships with Their Jobs），Cambridge, MA: Harvard University Press, 2022.

- 馬修・麥凱、傑佛瑞・伍德、傑佛瑞・布蘭特利，《從情緒海嘯到身心安穩的辯證行為治療聖經：臨床見證二十五年，幫助數十萬人重新生活，走出自傷困境的實用DBT自助助人手冊》（柿子文化）

## 進階練習第三天的技巧：正面壓力心態，抵抗生活壓力、焦慮及憂鬱

- 貝卡・雷維，《不老思維：只要你願意，就可以越活越年輕》（平安文化）
- 瑞克・韓森、佛瑞斯特・韓森，《力挺自己的十二個練習：腦科學X正向心理學，改變大腦負向思維，建立逆境挫折都打不倒》（天下雜誌）
- 凱莉・麥高尼格（Kelly McGonigal），《壓力的好處：壓力為何對你有益，以及如何善用它》（暫譯，The Upside of Stress: Why Stress Is Good for You, and How to Get Good at It），New York: Avery, 2016.
- 給雇主：Meru Health，https://www.meruhealth.com/ 這是一個自助平台，專門治療憂鬱和焦慮，提供基於科學實證的治療、生物回饋、心率變異分析，並且能夠與接受正念認知治療訓練的治療師對話。（請注意利益衝突：我是他們的顧問委員會成員之一。）

### 進階練習第四天的技巧：毒物興奮壓力

- 文恩．霍夫，《文恩霍夫法：激發你的人類潛能》（暫譯，The Wim Hof Method: Activate Your Full Human Potential），伊麗莎．艾波撰寫前言，Louisville, CO: Sounds True, 2020.
- 邦妮．卡普蘭（Bonnie Kaplan）、茱莉亞．拉克里奇（Julia Rucklidge），《更好的大腦：用營養克服焦慮，對抗憂鬱，減少ＡＤＨＤ和壓力》（暫譯，The Better Brain: Overcome Anxiety, Combat Depression, and Reduce ADHD and Stress with Nutrition），Boston: Houghton Mifflin Harcourt, 2021.（這本書講述飲食模式和微量營養素如何改善心理健康，以及某些植物化學物質透過毒物興奮壓力發揮作用。）
- 哪些運動有助於治療哪些類型的心理健康問題？探索這個互動式網站，了解詳盡的報告：https://www.johnwbrickfoundation.org/move-your-mental-health-report/
- 在網路上很容易找到高強度間歇訓練（ＨＩＩＴ）的影片：Peloton 有線上課程，還有一款名為 Lanebreak 的遊戲化ＨＩＩＴ訓練。

## 進階練習第五天的技巧：讓大自然調整神經系統

- 華勒斯．J．尼可士（Wallace J. Nichols），《藍色心境：令人驚訝的科學！實證顯示，接近水、在水裡、在水上或在水邊，能讓你更快樂、更健康、更有連結，以及表現更佳出色》（暫譯，Blue Mind: The Surprising Science That Shows How Being Near, in, on, or Under Water Can Make You Happier, Healthier, More Connected, and Better at What You Do），New York: Little, Brown and Company, 2015.
- 心靈與生命暑期研究所（the Mind and Life Summer Research Institute）的《心靈、人類—地球聯繫與氣候危機》線上課程（暫譯，The Mind, the Human-Earth Connection and the Climate Crisis Online Course）：https:// www.mindandlife.org/climate-online-course/（我與同事在一門冥想課程中邀請了頂尖的國際演講者，提供豐富的資訊，探討如何發展氣候適應力並療癒我們與自然界的關係。）
- 有關自然療癒活動，您可以在線上搜尋或自己舉辦！我推薦馬克．高曼的導覽和自然正念教師培訓：https://markcoleman.org/

### 進階練習第六天的技巧：深度休息

- 薇拉．貝克（Willa Baker）、措尼仁波切，《覺醒的身體：身心正念的自由之路》（暫譯，The Wakeful Body: Somatic Mindfulness as a Path to Freedom），Boulder, CO: Shambhala, 2021.（這本文筆優美的書描述了微妙的身體能量，一種調節無意識壓力並放鬆的方法。）
- 派屈克．麥基翁、萊爾德．漢密爾頓（Laird Hamilton），《呼吸療法：培養新習慣，過上更健康、更快樂、更長壽的生活》（暫譯，The Breathing Cure: Develop New Habits for a Healthier, Happier, and Longer Life），New York: Humanix Books, 2021.（這本書十分全面，提供針對許多疾病量身訂製的呼吸運動。）
- 冥想或瑜伽的靜修中心：如果可能的話，最好輕裝上陣，在非商業旅遊類型的精神、冥想或瑜伽靜修中心至少待上幾天，進行深度調整。我在以下推薦三個我熟悉的冥想靜修中心。你可以在網路上找到美國大多數州的選項，該網站列出了世界各地的精神靜修處：https://www.spiritualtravels.info/spiritual-sites-around-the-world/

- Insight Meditation Society, Barre, MA: https://www.dharma.org/

- Spirit Rock Meditation Center, Woodacre, CA: https://www.spiritrock.org/
- Wonderwell Mountain Refuge, New Hampshire: https://naturaldharma.org/

- 嘗試這些免費的冥想引導以促進健康和睡眠：https://www.irest.org/try-irest-now
- 考慮使用穿戴式生物感應器幫助了解什麼對你最有效，以及你的神經系統在練習和睡眠期間的反應。我最喜歡的是Oura戒指（oura.com）。嘗試心率變異分析，例如使用 HeartMath 產品：https://store.heartmath.org/

**進階練習第七天的技巧：幸福與「正向枕頭」**

- 詹姆斯．巴拉茲、索夏娜．亞歷山大，《最高快樂人生：通往真正快樂的十大步驟》（春天出版社）
- Greater Good in Action (GGIA): https://ggia.berkeley.edu/ 此網站提供內容廣泛的活動、練習和實踐目錄，旨在加強敬畏之心、感恩和同情等促進情緒健康的技能。這些數據來自已發表的科學研究，參與度和影響力的研究則由我的同事達契爾．克特納和艾蜜莉亞娜．西蒙．湯瑪斯指導。
- The Big Joy Project (research): https://ggia.berkeley.edu/bigjoy 這個網站和應用程式是

我與 Mission Joy 活動的研究同事佩吉・卡拉漢（Peggy Callahan）和喬琳・史密斯（Jolene Smith）以及UCB的 Great Good 科學中心合作創立的為期一週的體驗，旨在促進內心的幸福快樂。這也是一個公民科學項目，旨在更加了解在不同地區和國家裡，哪些內容對誰有效。如果您喜歡，請分享！

- 《喜悅：達賴喇嘛遇見屠圖主教》：https://missionjoy.org/ 一部關於在逆境中尋找喜悅，以及達賴喇嘛和屠圖主教之間友誼的紀錄片。
- Tank's Good News: Instagram @tanksgoodnews 對抗每天的負面新聞！當我閱讀他們在 Instagram 的發文時，總是止不住笑意。你也可以到這裡訂閱：https://tanksgoodnews.com

## 持續「更新你的解方」（結語）

- 凱倫・歐布萊恩（Karen O'Brien）、克里斯蒂娜・貝塞爾（Christina Bethell），《你比你想的更重要：量子社會變革，打造繁榮世界》（暫譯，You Matter More Than You Think: Quantum Social Change for a Thriving World），Oslo, Norway: cChange, 2021.

- 《Humanity Rising》：https://humanityrising.solutions/ 這是一個全球廣播節目，始於疫情期間，由 Ubiquity University 主辦，聽眾遍布一百三十個國家。該節目提供了思想領袖的對話，討論全球議題以及如何建立韌性和更新，以確保人類的未來。你可能會受到啟發，並且與全球的連結更加緊密。
- One Earth Sangha: https://oneearthsangha.org/ 提供課程和網路研討會，探討如何從積極參與和冥想的角度應對氣候危機。
- Regeneration.org：從這裡開始對氣候變遷採取行動。
- 《Purpose: Living for What Matters Most》，這是由維克多・斯特雷克（Victor Strecher）教授在 Coursera 上提供的免費課程。

# 附注

## 前言

1. Jue Lin and Elissa Epel, "Stress and Telomere Shortening: Insights from Cellular Mechanisms," *Ageing R search Reviews 73* (January 2022): 101507, https://doi.org/10.1016/j.arr.2021.101507.
2. David M. Almeida, Susan T. Charles, Jacqueline Mogle, Johanna Drewelies, Carolyn M. Aldwin, Avron Spiro III, and Denis Gerstorf, "Charting Adult Development through (Historically Changing) Daily Stress Processes," *American Psycho ogist 75*, no. 4 (May–June 2020): 511–24, https://doi.org/10.1037/amp0 00597.
3. Achim Peters, Bruce S. McEwen, and Karl Friston, "Uncertainty and Stress: Why It Causes Diseases and How It Is Mastered by the Brain," *Progress in Neurobiology* 156 (September 2017): 164–88, https://doi.org/10.1016/j.pneurobio.2017.05.004.
4. Alexandra Crosswell, Stefanie Mayer, Lauren Whitehurst, Sheyda Zebarjadian, Martin Picard, and Elissa Epel, "Deep Rest: An Integrative Model of How Contemplative Practices Enhance the Body's Restorative Capacity" (under review).
5. Jos F. Brosschot, Bart Verkuil, and Julian F. Thayer, "Generalized Unsafety Theory of Stress: Unsafe Environments and Conditions, and the Default Stress Response," in "Stress and Health," ed. Mark Cropley, Birgitta Gatersleben, and Stefan Sütterlin, special issue, *International Journal of Environmental Research and Public Health* 15, no. 3 (March 7, 2018): 464, https://doi.org/10.3390/ijerph15030464.
6. His Holiness the Dalai Lama, "Mind and Life Conversation: Embracing Hope, Courage, and Compassion

in Times of Crisis," interview by Elissa Epel and Michelle Shiota, moderated by John Dunne, Mind and Life Institute, December 8, 2021, 1:18:01, www.mindandlife.org/event/embracing-hope-courage-and-compassion/.

## 第1天：事情總會出錯……沒關係

1. Natalia Bobba-Alves et al. "Chronic Glucocorticoid Stress Reveals Increased Energy Expenditure and Accelerated Aging as Cellular Features of Allostatic Load," *BioRxiv* (2022), https://doi.org/10.1101/2022.02.22.481548.
2. Archy O. de Berker, Robb B. Rutledge, Christoph Mathys, Louise Marshall, Gemma F. Cross, Raymond J. Dolan, and Sven Bestmann, "Computations of Uncertainty Mediate Acute Stress Responses in Humans," *Nature Communications 7* (March 29, 2016): 10996, https://doi.org/10.1038/ncomms10996.
3. Dilek Celik, Emre H. Alpay, Betul Celebi, and Aras Turkali, "Intolerance of Uncertainty, Rumination, Post-Traumatic Stress Symptoms and Aggression during COVID-19: A Serial Mediation Model," *European Journal of Psychotraumatology* 12, no. 1 (August 13, 2021): 1953790, https://doi.org/10.1080/20008198.2021.1953790.
4. Yuanyuan Gu, Simeng Gu, Yi Lei, and Hong Li, "From Uncertainty to Anxiety: How Uncertainty Fuels Anxiety in a Process Mediated by Intolerance of Uncertainty," in "Stress Induced Neuroplasticity and Mental Disorders 2020," ed. Fang Pan, Lee Shapiro, and Jason H. Huang, special issue, *Neural Plasticity* 2020 (October 1, 2020): 8866386, https://doi.org/10.1155/2020/8866386
5. Jessica C. Jimenez, Katy Su, Alexander R. Goldberg, Victor M. Luna, Jeremy S. Biane, Gokhan Ordek,

Pengcheng Zhou et al., "Anxiety Cells in a Hippocampal-Hypothalamic Circuit," *Neuron 97*, no. 3 (February 7, 2018): 670–83.e6, https://doi.org/10.1016/j.neuron.2018.01.016..

6. Marc-Lluís Vives and Oriel FeldmanHall, "Tolerance to Ambiguous Uncertainty Predicts Prosocial Behavior," *Nature Communications* 9 (June 12, 2018): 2156, https://doi.org/10.1038/s41467-018-04631-9.
7. Jeroen M. van Baar, David J. Halpern, and Oriel FeldmanHall, "Intolerance of Uncertainty Modulates Brain-to-Brain Synchrony during Politically Polarized Perception, *Proceedings of the National Academy of Sciences* 118, no. 20 (May 13, 2021): e2022491118, https://doi.org/10.1073/pnas.2022491118.
8. Andreas B. Neubauer, Joshua M. Smyth, and Martin J. Sliwinski, "When You See It Coming: Stressor Anticipation Modulates Stress Effects on Negative Affect," *Emotion* 18, no. 3 (April 2018): 342–54, https://doi.org/10.1037/emo0000381.
9. Kirstin Aschbacher, Aoife O'Donovan, Owen M. Wolkowitz, Firdaus S. Dhabhar, Yali Su, and Elissa Epel, "Good Stress, Bad Stress and Oxidative Stress: Insights from Anticipatory Cortisol Reactivity," *Psychoneuroendo- crinology* 38, no. 9 (September 2013): 1698–708, https://doi.org/10.1016/j.psyneuen.2013.02.004.
10. Roxane Cohen Silver, E. Alison Holman, and Dana Rose Garfin. "Coping with Cascading Collective Traumas in the United States," *Nature Human Behavior* 5, no. 1 (January 2021): 4–6, https://doi.org/10.1038/s41562-020-00981-x.
11. Roxane Cohen Silver, E. Alison Holman, Judith Pizarro Andersen, Michael Poulin, Daniel N. McIntosh, and Virginia Gil-Rivas, "Mental- and Physical- Health Effects of Acute Exposure to Media Images of the September 11, 2001, Attacks and the Iraq War," Psychological Science 24, no. 9 (September 2013): 1623–

34, https://doi.org/10.1177/0956797612460406.

## 第二天：掌握你能掌控的……其他的都放下吧

1. Stephanie A. Robinson and Margie E. Lachman, "Perceived Control and Aging: A Mini-Review and Directions for Future Research," *Gerontology* 63, no. 5 (August 2017): 435–42, https://doi.org/10.1159/000468540.
2. Shevaun D. Neupert, David M. Almeida, and Susan Turk Charles, "Age Differences in Reactivity to Daily Stressors: The Role of Personal Control," *Journals of Gerontology: Series B* 62, no. 4 (July 2007): P216–25, https://doi.org/10.1093/gero b/62.4.p216.
3. Laura L. Carstensen, Yochai Z. Shavit, and Jessica T. Barnes, "Age Advantages in Emotional Experience Persist Even under Threat from the COVID-19 Pandemic," *Psychological Science* 31, no. 11 (November 2020): 1374–1385, https://doi.org/10.1177/0956797620967261.
4. Carol A. Shively and Stephen M. Day, "Social Inequalities in Health in Nonhuman Primates," *Neurobiology of Stress* 1 (January 2015): 156–63, https:// doi.org/10.1016/j.ynstr.2014.11.005.
5. Jay R. Kaplan, Haiying Chen, and Stephen B. Manuck, "The Relationship between Social Status and Atherosclerosis in Male and Female Monkeys as Revealed by Meta-analysis," in "Special Issue on Nonhuman Primate Models of Women's Health," ed. Carol A. Shively and Thomas B. Clarkson, *American Journal of Primatology* 71, no. 9 (September 2009): 732–41, https:// doi.org/10.1002/ajp.20707.
6. Janice K. Kiecolt-Glaser, Phillip T. Marucha, W. B. Malarkey, Ana M. Mercado, and Ronald Glaser, "Slowing of Wound Healing by Psychological Stress," *The Lancet* 346, no. 8984 (November 4, 1995): 1194–96,

https://doi.org/10.1016/S0140-6736(95)92899-5.

7. Saher Hoda Kamil and Dawn I. Velligan, “Caregivers of Individuals with Schizophrenia: Who Are They and What Are Their Challenges?,” *Current Opinion in Psychiatry* 43, no. 3 (May 2019): 157–63, https://doi.org/10.1097/YCO.0000000000000492.

8. Anna Sjörs Dahlman, Ingibjörg H.Jonsdottir, and Caroline Hansson, “The Hypothalamo-pituitary-adrenal Axis and the Autonomic Nervous System in Burnout,” in “The Human Hypothalamus: Neuropsychiatric Disorders,” ed. Dick F. Swaab, Ruud M. Buijs, Felix Kreier, Paul J. Lucassen, and Ahmad Salehi, *Handbook of Clinical Neurology* 182 (2021): 83–94, https://doi.org/10.1016/B978-0-12-819973-2.00006-X.

9. Christina Maslach and Michael P. Leiter, *The Burnout Challenge: Managing People's Relationships with Their Jobs* (Cambridge, MA: Harvard University Press, 2022).

10. Annie Dillard, *The Writing Life* (New York: HarperCollins, 1989)

11. Hsiao-Wen Liao and Laura L. Carstensen, “Future Time Perspective: Time Horizons and Beyond,” in “Future Time Perspectives,” special issue, *GeroPsych* 31, no. 3 (September 2018): 163–67, https://doi.org/10.1024/1662-9647/a000194.

12. Marsha M. Linehan, *DBT Skills Training Mannual*, 2nd ed. (New York: Guilford Publications, 2015). DBT, or Dialectical Behavioral Therapy, includes the practices of Radical Acceptance.

13. Alexandra D. Crosswell, Michael Coccia, and Elissa S. Epel, “Mind Wandering and Stress: When You Don't Like the Present Moment,” *Emotion* 20, no. 3 (April 2020): 403–12, https://doi.org/10.1037/emo0000548.

14. Elissa S. Epel, Eli Puterman, Jue Lin, Elizabeth Blackburn, Alanie Lazaro, and Wendy Berry Mendes, “Wandering Minds and Aging Cells,” *Clinical Psychological Science* 1, no. 1 (January 2013): 75–83, https://

doi.org/10.1177/2167702612460234.

15. Steven Hayes and Spencer Smith, *Get out of Your Mind and into Your Life: The New Acceptance and Commitment Therapy* (Oakland, CA: New Harbinger Publications, 2015).
16. Emily K. Lindsay, ShinzenYoung, Joshua M. Smyth, Kirk Warren Brown, and J. David Creswell, "Acceptance Lowers Stress Reactivity: Dismantling Mindfulness Training in a Randomized Controlled Trial," *Psychoneuroen- docrinology* 87 (January 2018): 63–73, https://doi.org/10.1016/j.psyneuen.2017.09.015.
17. Emily K. Lindsay, Brian Chin, Carol M. Greco, Shinzen Young, Kirk W. Brown, Aidan G. C. Wright, Joshua M. Smyth, Deanna Burkett, and J. David Creswell, "How Mindfulness Training Promotes Positive Emotions: Dismantling Acceptance Skills Training in Two Randomized Controlled Trials," *Journal of Personality and Social Psychology* 115, no. 6 (December 2018): 944–73, https://doi.org/10.1037/pspa0000134.
18. Nora Görg, Kathlen Priebe, Jan R. Böhnke, Regina Steil, Anne S. Dyer, and Nikolaus Kleindienst, "Trauma-Related Emotions and Radical Acceptance in Dialectical Behavior Therapy for Posttraumatic Stress Disorder after Childhood Sexual Abuse," Borderline Personality Disorder and Emotion Dysregulation 4 (July 13, 2017): 15, https://doi.org/10.1186/s40479-017-0065-5; and Jenny Thorsell Cederberg, Martin Cernvall, JoAnne Dahl, Louise von Essen, and Gustaf Ljungman, "Acceptance as a Mediator for Change in Acceptance and Commitment Therapy for Persons with Chronic Pain?," International Journal of Behavioral Medicine 23, no. 1 (February 2016): 21–29, https://doi.org/10.1007/s12529-015-9494-y.

## 第三天：成為一隻獅子

1. Elissa S. Epel, Alexandra D. Crosswell, Stefanie E. Mayer, Aric A. Prather, George M. Slavich, Eli

Puterman, and Wendy Berry Mendes, "More Than a Feeling: A Unified View of Stress Measurement for Population Science," *Frontiers in Neuroendocrinology* 49 (April 2018): 146–69, https://doi.org/10.1016/j.yfrne.2018.03.001.

2. Stefanie E. Mayer, Agus Surachman, Aric A. Prather, Eli Puterman, KevinL. Delucchi, Michael R. Irwin, Andrea Danese, David M. Almeida, and Elissa S. Epel, "The Long Shadow of Childhood Trauma for Depression in Midlife: Examining Daily Psychological Stress Processes as a Persistent Risk Pathway," *Psychological Medicine* (March 26, 2021): 1–10, https://doi.org/10.1017/S0033291721000921.
3. Joanna Guan, Elaz Ahmadi, Bresh Merino, Lindsay Fox, K. Miller, J. Kim, and Stefanie Mayer. "Developing Stress Resilience in Everyday Life— Examining Stress Appraisal Effects of an Ecological Mindfulness Intervention Developed for Midlife Women with a History of Early Life Adversity." (Poster presentation online at the 7th International Symposium on Resilience Research, International Resilience Alliance Intresa, September 2021).
4. Elissa Epel, Jennifer Daubenmier, Judith Tedlie Moskowitz, Susan Folkman, and Elizabeth Blackburn, "Can Meditation Slow Rate of Cellular Aging? Cognitive Stress, Mindfulness, and Telomeres," *Annals of the New York Academy of Sciences* 1172, no. 1 (August 2009): 34–53, https://doi.org/10.1111/j.1749-6632.2009.04414.x; and Aoife O'Donovan, A. Janet Tomiyama, Jue Lin, Eli Puterman, Nancy E. Adler, Margaret Kemeny, Owen M. Wolkowitz, Elizabeth H. Blackburn, and Elissa S. Epel, "Stress Appraisals and Cellular Aging: A Key Role for Anticipatory Threat in the Relationship between Psychological Stress and Telomere Length," *Brain, Behavior, and Immunity* 26, no. 4 (May 2012): 573–79, https://doi.org/10.1016/j.bbi.2012.01.007.

5. Jeremy P. Jamieson, Matthew K. Nock, and Wendy Berry Mendes, "Mind over Matter: Reappraising Arousal Improves Cardiovascular and Cognitive Responses to Stress," *Journal of Experimental Psychology: General* 141, no. 3 (August 2012): 417–22, https://doi.org/10.1037/a0025719.

6. Jeremy P. Jamieson, Wendy Berry Mendes, Erin Blackstock, and Toni Schmader, "Turning the Knots in Your Stomach into Bows: Reappraising Arousal Improves Performance on the GRE," *Journal of Experimental Social Psychology* 46, no. 1 (January 2010): 208–12, https://doi.o g/10.1016/j.jesp.2009.08.015.

7. Alia J. Crum, Peter Salovey, and Shawn Achor, "Rethinking Stress: The Role of Mindsets in Determining the Stress Response," *Journal of Personality and Social Psychology* 104, no. 4 (April 2013): 716–33, https://doi.org/10.1037/a0031201. Items shown are adapted from Dr. Crum's Stress Mindset Measure.

8. Dena M. Bravata, Sharon A. Watts, Autumn L. Keefer, Divya K. Madhusudhan, Katie T. Taylor, Dani M. Clark, Ross S. Nelson, Kevin O. Cokley, and Heather K. Hagg. "Prevalence, Predictors, and Treatment of Impostor Syndrome: A Systematic Review," *Journal of General Internal Medicine* 35, no. 4 (April 2020): 1252–75, https://doi.org/10.1007/s11606-019-05364-1.

9. Mirjam Neureiter and Eva Traut-Mattausch, "An Inner Barrier to Career Development: Preco quences for Caree ditions of the Impostor Phenomenon and Consequences for Career Development." *Frontiers in Psychology* 7 (February 2016): 48, https://doi.org/10.3389/fpsyg.2016.00048.

10. Patricia K. Leach, Rachel M. Nygaard, Jeffrey G. Chipman, Melissa E. Brunsvold, and Ashley P. Marek, "Impostor Phenomenon and Burnout in General Surgeons and General Surgery Residents," *Journal of Surgical Education* 76, no. 1 (2019): 99–106.

11. Özlem Ayduk and Ethan Kross, "From a Distance: Implications of Spontaneous Self-Distancing for

Adaptive Self-Reflection," *Journal of Personality and Social Psychology* 98, no. 5 (May 2010): 809–29, https://doi.org/10.1037/a0019205.

12. Jenny J. W. Liu, Natalie Ein, Julia Gervasio, and Kristin Vickers, "The Efficacy of Stress Reappraisal Interventions on Stress Responsivity: A Metaanalysis and Systematic Review of Existing Evidence," *PLoS One* 14, no. 2 (February 2019): e0212854, https://doi.org/10.1371/journal.pone.0212854.
13. Jennifer Daubenmier, Elissa S. Epel, Patricia J. Moran, Jason Thompson, Ashley E. Mason, Michael Acree, Veronica Goldman, et al. "A Randomized Controlled Trial of a Mindfulness-Based Weight Loss Intervention on Cardiovascular Reactivity to Social-Evaluative Threat Among Adults with Obesity." *Mindfulness* vol. 10,12 (2019): 2583–2595. doi:10.1007/s12671-019-01232-5.
14. Kevin Love, "NBA's Kevin Love: Championing Mental Health for Everyone," Commonwealth Club, January 19, 2021, video, 1:07:31, January 27, 2021, https://www.commonwealthclub.org/events/archive/video/nbas-kevin-love-championing-mental-health-everyone.
15. Kevin Love, "Everyone Is Going through Something," *The Players' Tribune*, March 6, 2018, https://www.theplayerstribune.com/articles/kevin-love-everyone-is-going-through-something.
16. Geoffrey L. Cohen and David K. Sherman, "The Psychology of Change: Self- Affirmation and Social Psychological Intervention," *Annual Review of Psychology* 65 (January 2014): 333–71, https://doi.org/10.1146/annurev-psych-010213-115137.
17. Arghavan Salles, Claudia M. Mueller, and Geoffrey L. Cohen, "A Values Affirmation Intervention to Improve Female Residents' Surgical Performance," *Journal of Graduate Medical Education* 8, no. 3 (July 2016): 378–83, https://doi.org/10.4300/JGME-D-15- 00214.1; and J. Parker Goyer, Julio Garcia, Valerie

Purdie-Vaughns, Kevin R. Binning, Jonathan E. Cook, Stephanie L. Reeves, Nancy Apfel, Suzanne Taborsky-Barba, David K. Sherman, and Geoffrey L. Cohen. "Self-Affirmation Facilitates Minority Middle Schoolers' Progress along College Trajectories," *Proceedings of the National Academy of Sciences of the United States of America* 114, no. 29 (July 2017): 7594–99, https://doi.org/10.1073/pnas.1617923114.

18. J. David Creswell, Suman Lam, Annette L. Stanton, Shelley E. Taylor, Julienne E. Bower, and David K. Sherman. "Does Self-Affirmation, Cognitive Processing, or Discovery of Meaning Explain Cancer-Related Health Benefits of Expressive Writing?," *Personal and Social Psychology Bulletin* 33, no. 2 (February 2007): 238–50, https://doi.org/10.1177/0146167206294412.
19. Cohen and Sherman, "The Psychology of Change."
20. "Giving Purpose," www.givingpurpose.org/.

## 第四天：訓練你的抗壓性

1. Elissa S. Epel, "The Geroscience Agenda: Toxic Stress, Hormetic Stress, and the Rate of Aging," *Ageing Research Reviews* 63 (November 2020): 101167, https://doi.org/10.1016/j.arr.2020.101167.
2. Caroline Kumsta, Jessica T. Chang, Jessica Schmalz, and Malene Hansen, "Hormetic Heat Stress and HSF-1 Induce Autophagy to Improve Survival and Proteostasis in *C. elegans*," *Nature Communications* 8 (February 15, 2017): 14337, https://doi.org/10.1038/ncomms14337.
3. David G. Weissman and Wendy Berry Mendes, "Correlation of Sympathetic and Parasympathetic Nervous System Activity during Rest and Acute Stress Tasks," *International Journal of Psychophysiology* 162 (April 2021): 60–68, https://doi.org/10.1016/j.ijpsycho.2021.01.015.

4. Elissa S. Epel, Bruce S. McEwen, and Jeannette R. Ickovics, "Embodying Psychological Thriving: Physical Thriving in Response to Stress," *Journal of Social Issues* 54, no. 2 (Summer 1998): 301–22, https://doi.org/10.1111/0022-4537.671998067.
5. Manuel Mücke, Sebastian Ludyga, Flora Colledge, and Markus Gerber, "Influence of Regular Physical Activity and Fitness on Stress Reactivity as Measured with the Trier Social Stress Test Protocol: A Systematic Review," *Sports Medicine* 48, no. 11 (November 2018): 2607–22, https://doi.org/10.1007/s40279-018-0979-0.
6. Ethan L. Ostrom, Savannah R. Berry, and Tinna Traustadóttir, "Effects of Exercise Training on Redox Stress Resilience in Young and Older Adults," *Advances in Redox Research* 2 (July 2021): 10007, https://doi.org/10.1016/j.arres.2021.100007.
7. Benjamin A. Hives, E. Jean Buckler, Jordan Weiss, Samantha Schilf, Kirsten L. Johansen, Elissa S. Epel, and Eli Puterman, "The Effects of Aerobic Exercise on Psychological Functioning in Family Caregivers: Secondary Analyses of a Randomized Controlled Trial," *Annals of Behavioral Medicine* 55, no. 1 (January 2021): 65–76, https://doi.org/10.1093/abm/kaaa031.
8. Hives et al., "The Effects of Aerobic Exercise on Psychological Functioning."
9. Eli Puterman, Jordan Weiss, Jue Lin, Samantha Schilf, Aaron L. Slusher, Kirsten L. Johansen, and Elissa S. Epel. "Aerobic Exercise Lengthens Telomeres and Reduces Stress in Family Caregivers: A Randomized Controlled Trial—Curt Richter Award Paper 2018," *Psychoneuroendocrinology* 98 (December 2018): 245–52, https://doi.org/10.1016/j.psyneuen.2018.08.002.
10. Matthijs Kox, Monique Stoffels, Sanne P. Smeekens, Nens van Alfen, Marc Gomes, Thijs M. H. Eijsvogels,

Maria T. E. Hopman, Johannes G. van der Hoeven, Mihai G. Netea, and Peter Pickkers, "The Influence of Concentration/Meditation on Autonomic Nervous System Activity and the Innate Immune Response: A Case Study," *Psychosomatic Medicine* 74, no. 5 (June 2012): 489–94, https://doi.org/10.1097/PSY.0b013e3182583c6d.

11. Matthijs Kox, Lucas T. van Eijk, Jelle Zwaag, Joanne van den Wildenberg, Fred C. G. J. Sweep, Johannes G. van der Hoeven, and Peter Pickkers, "Voluntary Activation of the Sympathetic Nervous System and Attenuation of the Innate Immune Response in Humans," *Proceedings of the National Academy of Sciences of the United States of America* 111, no. 20 (May 20, 2014): 7379–84, https://doi.org/10.1073/pnas.1322174111.
12. G. A. Buijze, H. M. Y. De Jong, M. Kox, M. G. van de Sande, D. Van Schaardenburg, R. M. Van Vugt, C. D. Popa, P. Pickkers, and D. L. P. Baeten, "An Add-On Training Program Involving Breathing Exercises, Cold Exposure, and Meditation Attenuates Inflammation and Disease Activity in Axial Spondyloarthritis—a Proof of Concept Trial," *PLoS ONE* 14, no. 12 (December 2, 2019): e0225749, https://doi.org/10.1371/journal.pone.0225749.
13. Rhonda P. Patrick and Teresa L. Johnson, "Sauna Use as a Lifestyle Practice to Extend Healthspan," *Experimental Gerontology* 154 (October 15, 2021): 111509, https://doi.org/10.1016/j.exger.2021.111509.
14. Maciel Alencar Bruxel, Angela Maria Vicente Tavares, Luiz Domingues Zavarize Neto, Victor de Souza Borges, Helena Trevisan Schroeder, Patricia Martins Bock, Maria Inês Lavina Rodrigues, Adriane Belló-Klein, and Paulo Ivo Homem de Bittencourt Jr., "Chronic Whole-Body Heat Treatment Relieves Atherosclerotic Lesions, Cardiovascular and Metabolic Abnormalities, and Enhances Survival Time Restoring the Anti-

inflammatory and Anti-senescent Heat Shock Response in Mice," *Biochimie* 156 (January 2019): 33–46, https://doi.org/10.1016/j.biochi.2018.09.011.

15. Kay-U. Hanusch and Clemens W. Janssen, "The Impact of Whole-Body Hyperthermia Interventions on Mood and Depression—Are We Ready for Recommendations for Clinical Application?," *International Journal of Hyperthermia36* ,no.1(2019):573–81,https://doi.org/10.1080/02656736.2019.1612103.
16. Clemens W. Janssen, Christopher A. Lowry, Matthias R. Mehl, John J. B. Allen, Kimberly L. Kelly, Danielle E. Gartner, Charles L. Raison et al., "Whole-Body Hyperthermia for the Treatment of Major Depressive Disorder: A Randomized Clinical Trial," *JAMA Psychiatry* 73, no. 8 (August 1, 2016): 789–95, https://doi.org/10.1001/jamapsychiatry.2016.1031.
17. Ashley E. Mason, Sarah M. Fisher, Anoushka Chowdhary, Ekaterina Guvva, Danou Veasna, Erin Floyd, Sean B. Fender, and Charles Raison, "Feasibility and Acceptability of a Whole-Body Hyperthermia (WBH) Protocol," *International Journal of Hyperthermia* 38, no. 1 (2021): 1529–35.

## 第五天：順其自然

1. The figures cited are from a YouGov survey of 4,382 UK adults (aged eighteen and up), May 2020, by the UK's Mental Health Foundation, which then released this helpful guide on using nature for wellness: https://www.mentalhealth.org.uk/campaigns/thriving-with-nature/guide.
2. Sarai Pouso, Ángel Borja, Lora E. Fleming, Erik Gómez-Baggethun, Mathew P. White, and María C. Uyarra, "Contact with Blue-Green Spaces during the COVID-19 Pandemic Lockdown Beneficial for Mental Health," *Science of the Total Environment* 756 (February 20, 2021): 143984, https://doi.org/10.1016/

j.scitotenv.2020.143984.

3. Timothy D. Wilson, David A. Reinhard, Erin C. Westgate, Daniel T. Gilbert, Nicole Ellerbeck, Cheryl Hahn, Casey L. Brown, and Adi Shaked, "Just Think: The Challenges of the Disengaged Mind," *Science* 345, no. 6192 (July 4, 2014): 75–77, https://doi.org/10.1126/science.1250830.
4. William J. Brady, M. J. Crockett, and Jay J. Van Bavel, "The MAD Model of Moral Contagion: The Role of Motivation, Attention, and Design in the Spread of Moralized Content Online," *Perspectives on Psychological Science* 15, no. 4 (July 2020): 978–1010, https://doi.org/10.1177/1745691620917336.
5. Jeremy B. Merrill and Will Oremus, "Five Points for Anger, One for a 'Like': How Facebook's Formula Fostered Rage and Misinformation," *Washington Post*, October 26, 2021.
6. Sally C. Curtin, *State Suicide Rates among Adolescents and Young Adults Aged 10–24: United States, 2000–2018*, National Vital Statistics Reports 69, no. 11 (Hyattsville, MD: National Center for Health Statistics, 2020), 10, https://www.cdc.gov/nchs/data/nvsr/nvsr69/nvsr-69-11-508.pdf.
7. Florian Lederbogen, Peter Kirsch, Leila Haddad, Fabian Streit, Heike Tost, Philipp Schuch, Andreas Meyer-Lindenberg et al., "City Living and Urban Upbringing Affect Neural Social Stress Processing in Humans," *Nature* 474, no. 7352 (Jun 23, 2011): 498–501, https://doi.org/10.1038/nature10190.
8. ukasz Nicewicz, Agata W. Nicewicz, Alina Kafel, and Miros aw Nakonieczny, "Set of Stress Biomarkers as a Practical Tool in the Assessment of Multistress Effect Using Honeybees from Urban and Rural Areas as a Model Organism: A Pilot Study, *Environmental Science and Pollution Research* 28, no. 8 (February 2021): 9084–96, https://doi.org/10.1007/s11356-020-11338-2.
9. Michele Antonelli, Davide Donelli, Lucrezia Carlone, Valentina Maggini, Fabio Firenzuoli, and Emanuela

Bedeschi, "Effects of Forest Bathing (Shinrin- yoku) on Individual Well-Being: An Umbrella Review," *International Journal of Environmental Health Research* (April 28, 2021): 1–26, https://doi.org/10.1080/09603123.2021.1919293; and Yuki Ideno, Kunihiko Hayashi, Yukina Abe, Kayo Ueda, Hiroyasu Iso, Mitsuhiko Noda, Jung-Su Lee, and Shosuke Suzuki, "Blood Pressure-Lowering Effect of Shinrin-yoku (Forest Bathing): A Systematic Review and Meta-analysis," *BMC Complementary and Alternative Medicine* 17, no. 1 (August 16, 2017): 409, https://doi.org/10.1186/s12906-017-1912-z.

10. E. R. Jayaratne, X. Ling, and L. Morawska, "Role of Vegetation in Enhancing Radon Concentration and Ion Production in the Atmosphere," *Environmental Science & Technology* 45, no. 15 (August 1, 2011): 6350–55, https://doi.org/10.1021/es201152g.
11. Tae-Hoon Kim, Gwang-Woo Jeong, Han-Su Baek, Gwang-Won Kim, Thirunavukkarasu Sundaram, Heoung-Keun Kang, Seung-Won Lee, Hyung-Joong Kim, and Jin-Kyu Song, "Human Brain Activation in Response to Visual Stimulation with Rural and Urban Scenery Pictures: A Functional Magnetic Resonance Imaging Study," *Science of the Total Environment* 408, no. 12 (May 15, 2010): 2600–607, https://doi.org/10.1016/j.scitotenv.2010.02.025; and Simone Grassini, Antti Revonsuo, Serena Castellotti, Irene Petrizzo, Viola Benedetti, and Mika Koivisto, "Processing of Natural Scenery Is Associated with Lower Attentional and Cognitive Load Compared with Urban Ones," *Journal of Environmental Psychology* 62 (April 2019): 1–11, https://doi.org/10.1016/j.jenvp.2019.01.007.
12. Pooja Sahni and Jyoti Kumar, "Effect of Nature Experience on Frontoparietal Correlates of Neurocognitive Processes Involved in Directed At- tention: An ERP Study," *Annals of Neurosciences* 27, no. 3–4 (July 2020): 136–47, https://doi.org/10.1177/0972753121990143.

13. Justin S. Feinstein, Sahib S. Khalsa, Hung Yeh, Obada Al Zoubi, Armen C. Arevian, Colleen Wohlrab, Martin P. Paulus et al., "The Elicitation of Relaxation and Interoceptive Awareness Using Floatation Therapy in Individuals with High Anxiety Sensitivity," *Biological Psychiatry: Cognitive Neuroscience and Neuroimaging* 3, no. 6 (June 2018): 555–62, https://doi.org/10.1016/j.bpsc.2018.02.005; and Justin S. Feinstein, Sahib S. Khalsa, Hung-Wen Yeh, Colleen Wohlrab, W. Kyle Simmons, Murray B. Stein, and Martin P. Paulus, "Examining the Short-Term Anxiolytic and Antidepressant Effect of Floatation-REST," PLoS One 13, no. 2 (February 2, 2018): e0190292, https://doi.org/10.1371/journal.pone.0190292.
14. Virginia Sturm, Samir Datta, Ashlin Roy, Isabel Sible, Eena Kosik, Christina Veziris, Tiffany E. Chow et al., "Big Smile, Small Self: Awe Walks Promote Prosocial Positive Emotions in Older Adults," *Emotion* (September 21, 2020) [Epub ahead of print]. doi: 10.1037/emo0000876: http://dx.doi.org/10.1037/emo0000876.
15. "Stress & Resilience with Elissa Epel and Dacher Keltner," *City Arts & Lectures*, KQED, May 11, 2021, 1:06:09, www.cityarts.net/event/stress-resilience/.
16. Michelle C. Kondo, Jaime M. Fluehr, Thomas McKeon, and Charles C. Branas, "Urban Green Space and Its Impact on Human Health," *International Journal of Environmental Research and Public Health* 15, no. 3 (March 2018): 445, https://doi.org/10.3390/ijerph15030445.
17. Gert-Jan Vanaken and Marina Danckaerts, "Impact of Green Space Exposure on Children's and Adolescents' Mental Health: A Systematic Review," *International Journal of Environmental Research and Public Health* 5, no. 12 (December 2018): 2668, https://doi.org/10.3390/ijerph15122668.
18. Jean Woo et al. "Green Space, Psychological Restoration, and Telomere Length." *The Lancet* 373, no. 9660

(January 2009): 299–300, https://doi.org/10.1016/S0140-6736(09)60094-5.

19. Noëlie Molbert, Frédéric Angelier, Fabrice Alliot, Cécile Ribout, and Aurélie Goutte, "Fish from Urban Rivers and with High Pollutant Levels Have Shorter Telomeres," *Biology Letters* 17, no. 1 (January 2021): 20200819, https://doi.org/10.1098/rsbl.2020.0819.
20. Juan Diego Ibáñez-Álamo, Javier Pineda-Pampliega, Robert L. Thomson, José I. Aguirre, Alazne Díez-Fernández, Bruno Faivre, Jordi Figuerola, and Simon Verhulst, "Urban Blackbirds Have Shorter Telomeres," *Biology Letters* 14, no. 3 (March 2018): 20180083, https://doi.org/10.1098/rsbl.2018.0083.
21. Mark Coleman, *Awake in the Wild: Mindfulness i Nature as a Path of Self-Discovery* (Maui, HI: Inner Ocean Publishing, 2006)
22. Thich Nhat Hanh, *Peace Is Every Step* (New York: Bantam Books, 1992).
23. Brian Cooke and Edzard Ernst, "Aromatherapy: A Systematic Review," B*ritish Journal of General Practice* 50, no. 455 (June 2000): 493–96, https://bjgp.org/content/50/455/493.long; and Hyun-Ju Kang, Eun Sook Nam, Yongmi Lee, and Myoungsuk Kim, "Ho Strong Is the Evidence for the Anxiolytic Efficacy of Lavender?: Systematic Review and Meta-analysis of Randomized Controlled Trials," *Asian Nursing Research* 13, no. 5 (December 2019): 295–305, https://doi.org/10.1016/j.anr.2019.11.003.
24. Timothy K. H. Fung, Benson W. M. Lau, Shirley P. C. Ngai, and Hector W. H. Tsang, "Therapeutic Effect and Mechanisms of Essential Oils in Mood Disorders: Interaction between the Nervous and Respiratory Systems," *International Journal of Molecular Sciences* 22, no. 9 (May 1, 2021): 4844, https://doi.org/10.3390/ijms22094844.
25. John Muir, *Our National Parks* (San Francisco: Sierra Club Books, 1991).

26. Shigehiro Oishi, Thomas Talhelm, and Minha Lee, "Personality and Geography: Introverts Prefer Mountains," *Journal of Research in Personality* 58 (October 2015): 55–68, https://doi.org/10.1016/j.jrp.2015.07.001.

## 第六天：不只放鬆，還要……恢復精力

1. James Nestor, *Breath: The New Science of a Lost Art* (New York: Riverhead Books, 2020).
2. Lisa Feldman Barrett, "The Theory of Constructed Emotion: An Active Inference Account of Interoception and Categorization," *Social Cognitive and Affective Neuroscience* 12, no. 1 (January 2017): 1–23, https://doi.org/10.1093/scan/nsw154.
3. E. S. Epel, E. Puterman, J. Lin, E. H. Blackburn, P. Y. Lum, N. D. Beckmann, E. E. Schadt et al., "Meditation and Vacation Effects Have an Impact on Disease-Associated Molecular Phenotypes," Translational Psychiatry 6, no. 8 (August 2016): e880, https://doi.org/10.1038/tp.2016.164.
4. Shannon Harvey, *My Year of Living Mindfully* (Sydney: Hachette Australia, 2020).
5. Stefanie E. Mayer, Agus Surachman, Aric A. Prather, Eli Puterman, Kevin L. Delucchi, Michael R. Irwin, Andrea Danese, David M. Almeida, and Elissa S. Epel, "The Long Shadow of Childhood Trauma for Depression in Midlife: Examining Daily Psychological Stress Processes as a Persistent Risk Pathway," *Psychological Medicine* (March 26, 2021): 1–10, https://doi.org/10.1017/S0033291721000921.
6. Xiaoli Chen, Rui Wang, Phyllis Zee, Pamela L. Lutsey, Sogol Javaheri, Carmela Alcántara, Chandra L. Jackson, Michelle A. Williams, and Susan Redline, "Racial/Ethnic Differences in Sleep Disturbances: The Multi-ethnic Study of Atherosclerosis (MESA)," *Sleep* 38, no. 6 (June 1, 2015): 877–88, https://doi.

org/10.5665/sleep.4732.

7. Tricia Hersey, *Rest Is Resis ance: A Manifesto* (New York: Little, Brown Spark, 2022).
8. Nestor, *Breath*.
9. Patrick McKeown, *The Breathing Cure: Develop New Habits for a Healthier, Happier, and Longer Life* (New York: Humanix Books, 2021).
10. Andrea Zaccaro, Andrea Piarulli, Marco Laurino, Erika Garbella, Danilo Menicucci, Bruno Neri, and Angelo Gemignani, "How Breath-Control Can Change Your Life: A Systematic Review on Psycho-physiological Correlates of Slow Breathing," *Frontiers in Human Neuroscience* 12 (September 7, 2018): 353, https://doi.org/10.3389/fnhum.2018.00353.
11. Miko aj Tytus Szulczewski, "An Anti-hyperventilation Instruction Decreases the Drop in End-Tidal CO2 and Symptoms of Hyperventilation during Breathing at 0.1 Hz," *Applied Psychophysiology and Biofeedback* 44, no. 3 (September 2019): 247–56, https://doi.org/10.1007/s10484-019-09438-y; Paul Lehrer, E. Vaschillo, and Bronya Vaschillo, "Resonant Frequency Biofeedback Training to Increase Cardiac Variability: Rationale and Manual for Training," *Applied Psychophysiology and Biofeedback* 25, no. 3 (2000): 177–191.
12. Juliana M. B. Khoury, Margo C. Watt, and Kim MacLean, "Anxiety Sensitivity Mediates Relations between Mental Distress Symptoms and Medical Care Utilization during COVID-19 Pandemic," *International Journal of Cognitive Therapy* 14, no. 3 (September 2021): 515–36, https://doi.org/10.1007/s41811-021-00113-x.
13. Alicia E. Meuret, Frank H. Wilhelm, Thomas Ritz, and Walton T. Roth, "Feedback of End-Tidal pCO2 as a Therapeutic Approach for Panic Disorder," *Journal of Psychiatric Research* 42, no. 7 (June 2008): 560–68,

https:// doi.org/10.1016/j.jpsychires.2007.06.005.

## 第七天：飽滿的開始，圓滿的結束

1. Jennifer R. Piazza, Susan T. Charles, Martin J. Sliwinski, Jacqueline Mogle, and David M. Almeida, "Affective Reactivity to Daily Stressors and Long- Term Risk of Reporting a Chronic Physical Health Condition," *Annals of Behavioral Medicine* 45, no. 1 (February 2013): 110–20, h tps://doi.org/10.1007/s12160-012-9423-0; and Daniel K. Mroczek, Robert S. Stawski, Nicholas A. Turiano, Wai Chan, David M. Almeida, Shevaun D. Neupert, and Avron Spiro III, "Emotional Reactivity and Mortality: Longitudinal Findings from the VA Normative Aging Study," *Journals of Gerontology: Series B* 70, no. 3 (May 2015): 398–406. https://doi.org/10.1093/geronb/gbt107.
2. K. Aschbacher, E. Epel, O. M. Wolkowitz, A. A. Prather, E. Puterman, and F. S. Dhabhar, "Maintenance of a Positive Outlook during Acute Stress Protects against Pro-inflammatory Reactivity and Future Depressive Symptoms," *Brain, Behavior, and Immunity* 26, no. 2 (February 2012): 346–52, https://doi.org/10.1016/j.bbi.2011.10.010.
3. Judith T. Moskowitz, Elizabeth L. Addington, and Elaine O. Cheung, "Positive Psychology and Health: Well-Being Interventions in the Context of Illness," *General Hospital Psychiatry* 61 (November–December 2019): 136–38, https://doi.org/10.1016/j.genhosppsych.2019.11.001.
4. Eric L. Garland, Barbara Fredrickson, Ann M. Kring, David P. Johnson, Piper S. Meyer, and David L. Penn, "Upward Spirals of Positive Emotions Counter Downward Spirals of Negativity: Insights from the Broaden-and-Build Theory and Affective Neuroscience on the Treatment of Emotion Dysfunctions and Deficits in

Psychopathology," *Clinical Psychology Review* 30, no 7 (November 2010): 849–64, https://doi.org/10.1016/j.cpr.2010.03.002.

5. Judith T. Moskowitz, Elaine O. Cheung, Karin E. Snowberg, Alice Verstaen, Jennifer Merrilees, John M. Salsman, and Glenna A. Dowling, "Randomized Controlled Trial of a Facilitated Online Positive Emotion Regulation Intervention for Dementia Caregivers," *Health Psychology* 38, no. 5 (May 2019): 391–402, https://doi.org/10.1037/hea0000680.
6. Barbara Fredrickson, "The Broaden-and-Build Theory of Positive Emotions," *Philosophical Transactions of the Royal Society B* 359, no. 1449 (September 29, 2004): 1367–78, https://doi.org/10.1098/rstb.2004.1512.
7. Dusti R. Jones and Jennifer E. Graham-Engeland, "Positive Affect and Peripheral Inflammatory Markers among Adults: A Narrative Review," *Psychoneuroendocrinology* 123 (January 2021): 104892, https://doi.org/10.1016/j.psyneuen.2020.104892.
8. Sheldon Cohen, William J. Doyle, Ronald B. Turner, Cuneyt M. Alper, and David P. Skoner, "Emotional Style and Susceptibility to the Common Cold," *Psychosomatic Medicine* 65, no. 4 (July–August 2003): 652–57, https://doi.org/10.1097/01.psy.0000077508.57784.da.
9. Yujing Zhang and Buxin Han, "Positive Affect and Mortality Risk in Older Adults: A Meta-analysis," *Psychology Journal* 5, no. 2 (June 2016): 125–38, https://doi.org/10.1002/pchj.129.
10. Tsoknyi Rinpoche, *Open Heart, Open Mind: Awakening the Power of Essence Love* (New York: Harmony Books, 2012). This book describes in more detail the Handshake with Emotion and other practices that promote inner joy.
11. Anthony D. Ong, Lizbeth Benson, Alex J. Zautra, and Nilam Ram, "Emodiversity and Biomarkers of

Inflammation," *Emotion* 18, no. 1 (February 2018): 3–14, https://doi.org/10.1037/emo0000343; and E. J. Urban-Wojcik, J. A. Mumford, D. M. Almeida, M. E. Lachman, C. D. Ryff, R. J. Davidson, and S. M. Schaefer, "Emodiversity, Health, and Well-Being in the Midlife in the United States (MIDUS) Daily Diary Study," *Emotion* (April 9, 2020): https://doi.org/10.1037/emo0000753.

12. Inês M. Tavares, Hera E. Schlagintweit, Pedro J. Nobre, and Natalie O. Rosen, "Sexual Well-Being and Perceived Stress in Couples Transitioning to Parenthood: A Dyadic Analysis," *International Journal of Clinical and Health Psychology* 19, no. 3 (September 2019): 198–208, https://doi.org/10.1016/j.ijchp.209.07.004.
13. Andrea Burri and Ana Carvalheira, "Masturbatory Behavior in a Population Sample of German Women," *Journal of Sexual Medicine* 16, no. 7 (July 2019): 963–74, https://doi.org/10.1016/j.jsxm.2019.04.015.
14. Esther Perel, "Why Eroticism Should Be Part of Your Self-Care Plan," *Esther Perel* (blog), accessed May 17, 2022, https://www.estherperel.com/blog/eroticism-self-care-plan.
15. Robert H. Lustig, *The Hacking of the American Mind: The Science Behind the Corporate Takeover of Our Bodies and Brains* (New York: Avery, 2017).
16. June Gruber, Aleksandr Kogan, Jordi Quoidbach, and Iris B. Mauss, "Happiness Is Best Kept Stable: Positive Emotion Variability Is Associated with Poorer Psychological Health, *Emotion* 13, no. 1 (February 2013): 1–6, https:// doi.org/10.1037/a0030262.
17. Peter Koval, Barbara Ogrinz, Peter Kuppens, Omer Van den Bergh, Francis Tuerlinckx, and Stefan Sütterlin, "Affective Instability in Daily Life Is Predicted by Resting Heart Rate Variability," *PLoS One* 8, no. 11 (November 29, 2013): e81536, https://doi.org/10.1371/journal.pone.0081536.

18. Anthony D. Ong and Andrew Steptoe, "Association of Positive Affect Instability with All-Cause Mortality in Older Adults in England," *JAMA Network Open* 3, no. 7 (July 1, 2020): e207725, https://doi.org/10.1001/jamanetwork open.2020.7725.
19. Lustig, *The Hacking of the American Mind.*
20. Kennon M. Sheldon and Sonja Lyubomirsky, "Revisiting the Sustainable Happiness Model and Pie Chart: Can Happiness Be Successfully Pursued?," *Journal of Positive Psychology* 16, no. 2 (2021): 145–54, https://doi.org/10.1080/17439760.2019.1689421.
21. S. Katherine Nelson, Kristin Layous, Steven W. Cole, and Sonja Lyubomirsky, "Do unto Others or Treat Yourself? The Effects of Prosocial and Self-Focused Behavior on Psychological Flourishing," *Emotion* 16, no. 6 (September 2016): 850–61, https://doi.org/10.1037/emo0000178.
22. S. Katherine Nelson-Coffey, Megan M. Fritz, Sonja Lyubomirsky, and Steve W. Cole, "Kindness in the Blood: A Randomized Controlled Trial of the Gene Regulatory Impact of Prosocial Behavior," *Psychoneuroendocrinology* 81 (July 2017): 8–13, https://doi.org/10.1016/j.psyneuen.2017.03.025.
23. Kuan-Hua Chen, Casey L. Brown, Jenna L. Wells, Emily S. Rothwell, Marcela C. Otero, Robert W. Levenson, and Barbara L Fredrickson, "Physiological Linkage during Shared Positive and Shared Negative Emotion," *Journal of Personality and Social Psychology* 121, no. 5 (November 2021): 10.1037/pspi0000337, https://doi.org/10.1037/pspi0000337; Jenna Wells, Claudia Haase, Emily Rothwell, Kendyl Naugle, Marcela Otero, Casey Brown, Jocelyn Lai et al., "Positivity Resonance in Long-Term Married Couples: Multimodal Characteristics and Consequences for Health and Longevity," *Journal of Personality and Social Psychology* (January 31, 2022), https://doi.org/10.1037/pspi0000385.

24. Jaime Vila, "Social Support and Longevity: Meta-Analysis-Based Evidence and Psychobiological Mechanisms," *Frontiers in Psychology* 12 (September 13, 2021), https://doi.org/10.3389/fpsyg.2021.717164.; and Ted Robles, Richard Slatcher, Joseph Trombello, and Mehgan McGinn, "Marital Quality and Health: A Meta-analytic Review," *Psychological Bulletin* 140, no 1 (January 2014): 140–87. https://10.1037/a0031859.
25. Nicholas A. Coles, Jeff T. Larsen, and Heather C. Lench, "A Meta-analysis of the Facial Feedback Literature: Effects of Facial Feedback on Emotional Experience Are Small and Variable," *Psychological Bulletin* 145, no. 6 (June 2019): 610–55, https://doi.org/10.1037/bul0000194; Nicholas A. Coles, David Scott March, Fernando Marmolejo-Ramos, Jeff T. Larsen, Nwadiogo C. Chisom Arinze, Izuchukwu L. G. Ndukaihe, Megan L. Willis et al., "A Multi-lab Test of the Facial Feedback Hypothesis by the Many Smiles Collaboration," *PsyArXiv Preprints* (February 4, 2019): 1–54, https://doi.org/10.31234/osf.io/cvpuw.
26. Pennie Eddy, Eleanor H. Wertheim, Matthew W. Hale, and Bradley J. Wright, "A Systematic Review and Meta-analysis of the Effort-Reward Imbalance Model of Workplace Stress and Hypothalamic-Pituitary-Adrenal Axis Measures of Stress," *Psychosomatic Medicine* 80, no. 1 (January 2018): 103–13, https://doi.org/10.1097/PSY.0000000000000505.
27. Martin Picard, Aric A. Prather, Eli Puterman, Kirstin Aschbacher, Yan Burelle, and Elissa S. Epel, "A Mitochondrial Health Ind x Sensitive to Mood and Caregiving Stress," *Biological Psychiatry* 84, no. 1 (July 1, 2018): 9–17, https://doi.org/10.1016/j.biopsych.2018.01.012.
28. Christina Armenta, Megan Fritz, Lisa Walsh, and Sonja Lyubomirsky, "Satisfied Yet Striving: Gratitude Fosters Life Satisfaction and Improvement Motivation in Youth," *Emotion* (September 10, 2020): https://doi.org/10.1037/emo0000896.

## 結語

1. Daniel J. Siegel, IntraConnected: *MWe (Me + We) as the Integration of Self, Identity, and Belonging (IPNB)* (New York: W. W. Norton & Company, 2022).
2. Shantideva, *The Way of the Bodhisattva* (Boston: Shambhala, 2006), chapter 8, verse 129.
3. "Embracing Hope, Courage, and Compassion in Times of Crisis," His Holi- ness the 14th Dalai Lama of Tibet, December 8, 2021, https://www.dalailama.com/news/2021/embracing-hope-courage-and-compassion-in-times-of -crisis
4. Pádraig Ó Tuama, Daily Prayer with the Corrymeela Community (Nor- wich, UK: Canterbury Press, 2017).
5. Karen O'Brien, *You Matter More Than You Think: Quantum Social Change for a Thriving World* (Oslo, Norway: cChange Press, 2021).

高寶書版集團
gobooks.com.tw

NW 283
**深度紓壓**
**每天 15 分鐘，7 天降低壓力指數，破除慢性壓力循環，放掉煩惱，活得更快樂**
The Stress Prescription: Seven Days to More Joy and Ease

作　　者　伊麗莎・艾波（Elissa Epel, PhD）
譯　　者　何佳芬
責任編輯　陳柔含
封面設計　林政嘉
內頁排版　賴姵均
企　　劃　鍾惠鈞

發 行 人　朱凱蕾
出　　版　英屬維京群島商高寶國際有限公司台灣分公司
　　　　　Global Group Holdings, Ltd.
地　　址　台北市內湖區洲子街 88 號 3 樓
網　　址　gobooks.com.tw
電　　話　（02）27992788
電　　郵　readers@gobooks.com.tw（讀者服務部）
傳　　真　出版部（02）27990909　行銷部（02）27993088
郵政劃撥　19394552
戶　　名　英屬維京群島商高寶國際有限公司台灣分公司
發　　行　英屬維京群島商高寶國際有限公司台灣分公司
法律顧問　永然聯合法律事務所
初版日期　2024 年 05 月



國家圖書館出版品預行編目（CIP）資料

深度紓壓：每天 15 分鐘 ,7 天降低壓力指數 , 破除慢性壓力循環 , 放掉煩惱 , 活得更快樂 / 伊麗莎 . 艾波 (Elissa Epel) 著 ; 何佳芬譯 . -- 初版 . -- 臺北市 : 英屬維京群島商高寶國際有限公司臺灣分公司 , 2024.05
面；　公分 .--

譯自：The stress prescription：seven days to more joy and ease

ISBN 978-986-506-957-5（平裝）

1.CST: 壓力　2.CST: 抗壓　3.CST: 情緒管理

176.54　　113003953